Die GUS: Oberflächengestalt

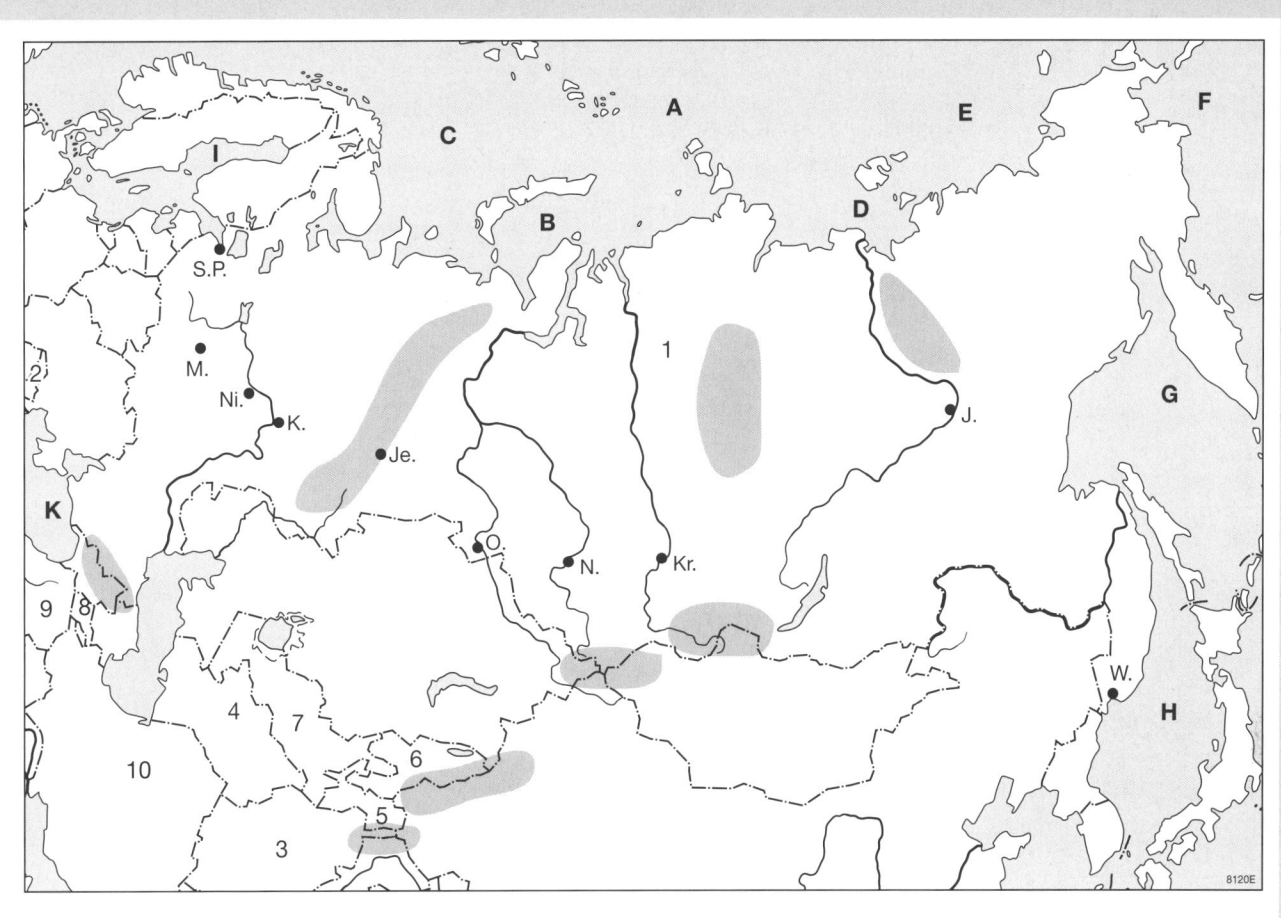

1. Beschrifte die folgenden topographischen Objekte in der Umrisskarte.

Gebirge:
① Ural
② Kaukasus
③ Pamir
④ Tian Shan
⑤ Altai
⑥ Werchojansker Gebirge
⑦ Sajan
⑧ Mittelsibirisches Bergland

Inseln und Halbinseln:
I Sachalin
II Halbinsel Kamtschatka
III Tschuktschen Halbinsel
IV Nowaja Semlja
V Halbinsel Kola
VI Halbinsel Jamal
VII Halbinsel Taimyr
VIII Neusibirische Inseln

Gewässer:
a Wolga
b Ural
c Amur
d Ob
e Jenissej
f Lena
g Aralsee
h Baikalsee

2. Benenne die in der Umrisskarte gekennzeichneten Städte, Länder und Meere. Kennzeichne die zur GUS gehörenden Staaten farbig.

M. _____
S.P. _____
K. _____
Ni. _____
O. _____
Je. _____
N. _____
W. _____
J. _____
Kr. _____

1 _____
2 _____
3 _____
4 _____
5 _____
6 _____
7 _____
8 _____
9 _____
10 _____

A _____
B _____
C _____
D _____
E _____
F _____
G _____
H _____
I _____
K _____

Russland – Klima

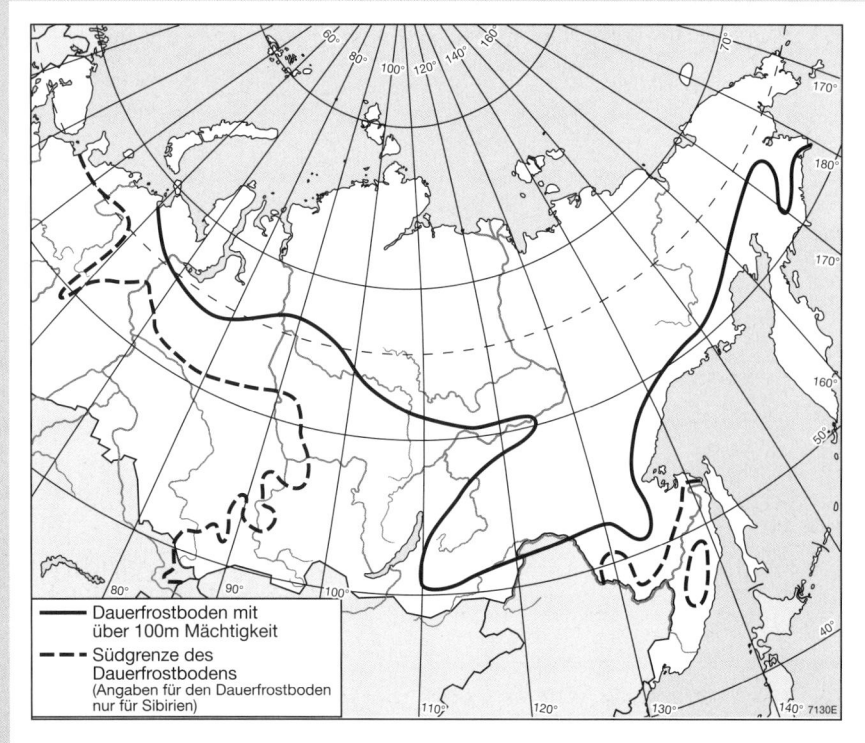

1. Benenne die Vegetationszonen, an denen Russland Anteil hat. (Atlas, Lehrbuch)

2. Trage die Ausdehnung der Vegetationszonen in die Karte ein. Nutze dazu unterschiedliche Farben.

☐ _____
☐ _____
☐ _____
☐ _____
☐ _____
☐ _____

— Dauerfrostboden mit über 100m Mächtigkeit
- - - Südgrenze des Dauerfrostbodens
(Angaben für den Dauerfrostboden nur für Sibirien)

3. Ermittle mithilfe der Gradnetzangaben den Namen der Klimastation A.

4. Zeichne das Klimadiagramm von Werchojansk. Nutze dazu die Klimadaten.

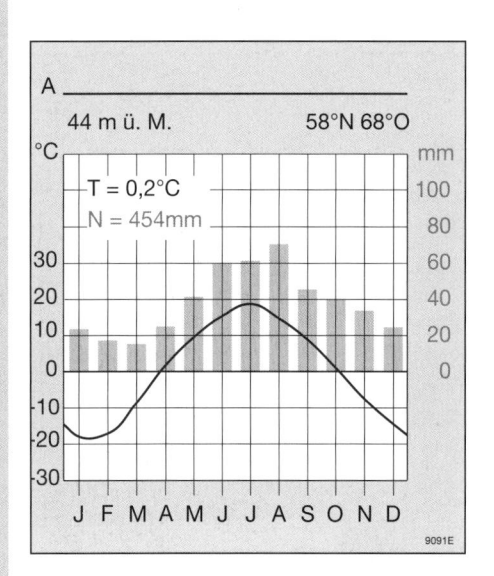

A _____
44 m ü. M.   58°N 68°O
T = 0,2°C
N = 454mm

Werchojansk (Russland)
137 m ü. M.   67° 33'N 133° 23'O

Klimadaten Werchojansk

	T °C	N mm
J	-46,2	8
F	-42,4	7
M	-29,6	5
A	-12,8	7
M	2,6	14
J	13,0	25
J	15,2	33
A	10,6	29
S	2,4	15
O	-14,8	14
N	-36,3	10
D	-43,6	10

5. Weise mit Hilfe der Klimadiagramme (Lehrbuch) die nach Osten zunehmende Kontinentalität des Klimas nach.

_____
_____
_____
_____

© westermann

Russland: Städte

1. Moskau ist Hauptstadt und Zentrum Russlands. Vervollständige dazu den Steckbrief. Nutze Lehrbuch und Internet!

Einwohnerzahl: _____

Fläche: _____

Religiöse Einrichtungen: _____
_____
_____

Politische Einrichtungen: _____
_____
_____

Kulturelle Einrichtungen/Bildungseinrichtungen: _____
_____
_____

Bedeutender Fluss: _____

2. Wie heißt die hier abgebildete berühmte Sehenswürdigkeit und wie heißt der Platz in dessen Nähe sie sich befindet?
_____

3. Moskau ist eine Stadt der Gegensätze. Erkläre diese Aussage mit Hilfe des Lehrbuches.
_____
_____
_____

4. Informiere dich über die Stadtgeschichte Sankt Petersburgs und dessen Gründer. Nutze dazu Lehrbuch, Internet und Nachschlagewerke.
_____
_____
_____
_____
_____
_____
_____
_____

5. Erkläre, warum Sankt Petersburg den Beinamen „Stadt der weißen Nächte" und „Venedig des Nordens" trägt. Wende deine Kenntnisse zum Klima und zur Lage an.
_____
_____
_____

© westermann

Sibirien

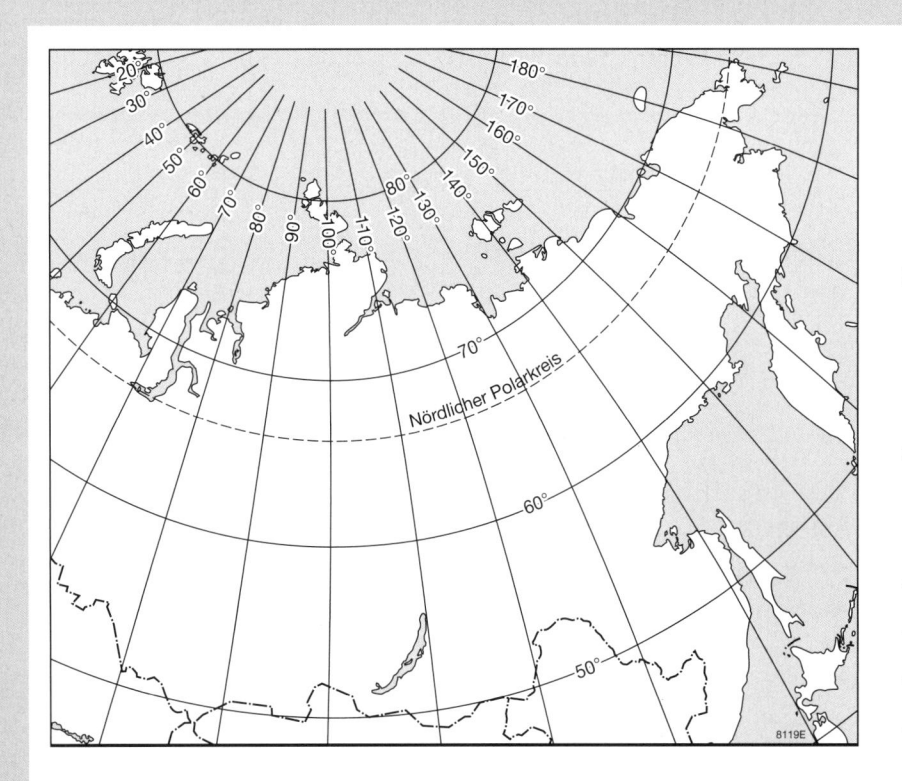

1. Zeichne mit Hilfe des Atlas den Verlauf folgender sibirischer Flüsse ein: Ob, Jenissej, Tunguska, Lena und Amur.

2. Zeichne in die Karte die Gebirge ein, in denen diese Flüsse entspringen und benenne sie in der Karte

3. Welche anderen Verkehrswege und -mittel nutzt man in Sibirien?

_____
_____
_____
_____

4. Erkläre, was man unter Dauerfrostboden versteht.

_____
_____
_____

5. Nenne Probleme, die beim Bau von Häusern auf Dauerfrostboden auftreten. Gib Lösungsmöglichkeiten an (Skizzen).

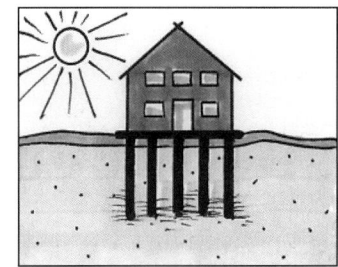

_____
_____
_____
_____
_____
_____

6. Finde mit Hilfe des Atlas wichtige Lagerstätten von Bodenschätzen in Sibirien heraus und trage sie mit selbstgewählten Symbolen in die Karte auf dieser Seite ein.

Rohstoff			
Symbol			
Lagerstätte			

© westermann

Der Aralsee: Eine Naturkatastrophe von Menschenhand

1. Benenne die eingetragenen Objekte.

A _____
B _____
C _____
a _____
b _____
c _____
d _____
e _____
1 _____
2 _____
3 _____
4 _____

2 a) Beschreibe die Anbaubaubedingungen für Baumwolle.

_____
_____

b) Welcher Zusammenhang besteht zwischen dem Anbau von Baumwolle und der Schrumpfung des Aralsees.

_____
_____
_____

3. Welche Auswirkungen hat das Schrumpfen des Aralsees? Vervollständige dazu die Tabelle. Nutze das Lehrbuch und das Internet (z.B. www.aralsee.org).

Auswirkungen auf		
Klima und Vegetation	Wirtschaft	Menschen

© westermann 5

Asien: Topographischer Überblick

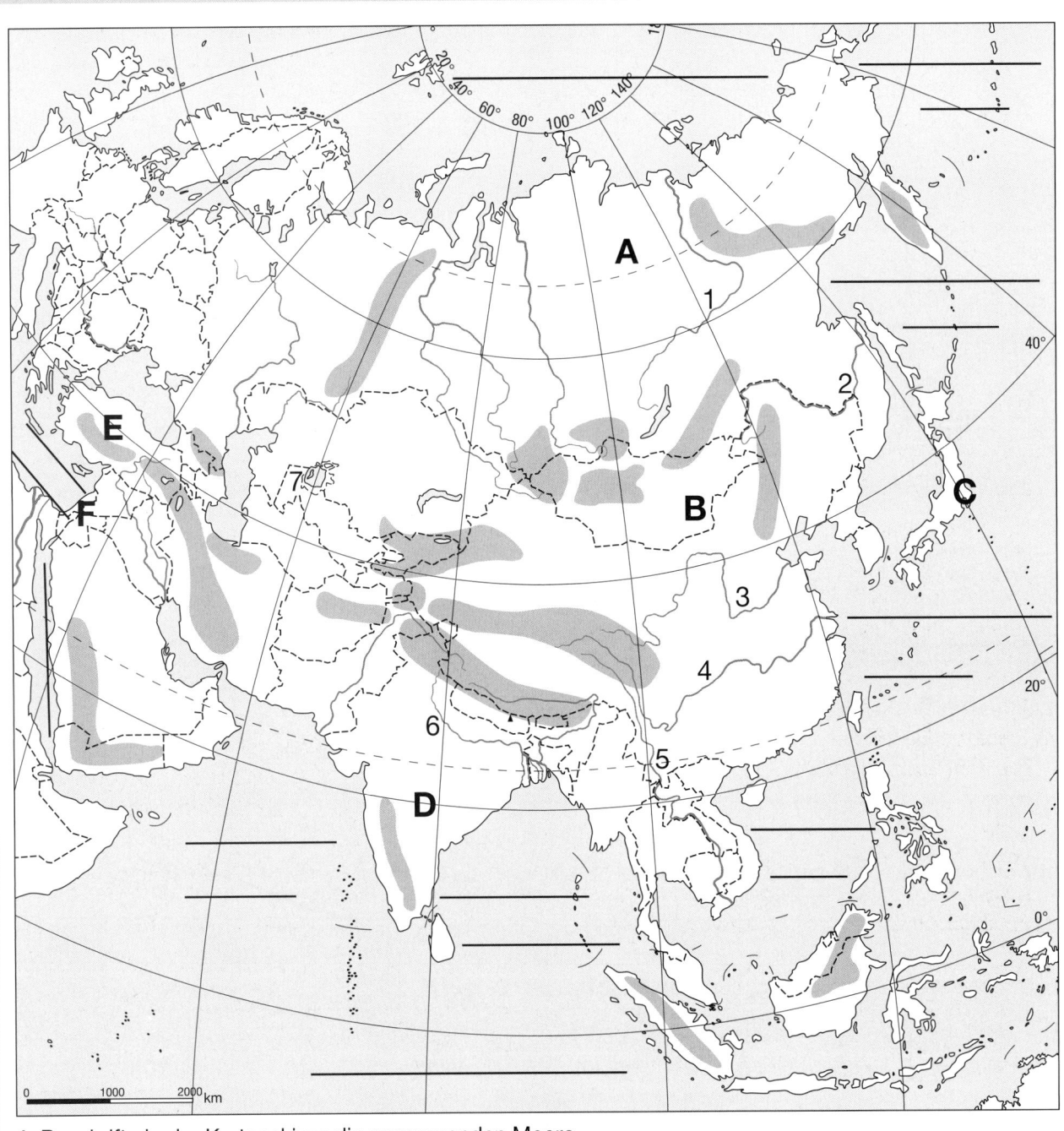

1. Beschrifte in der Kartenskizze die angrenzenden Meere.
2. Bezeichne die Halbinseln/Inseln und Großlandschaften in der Karte.
3. Benenne die Flüsse und Seen sowie die Länder.
4. Bezeichne die Lage Asiens im Gradnetz. __° __ Br. bis __° __ Br. __° ö.L. bis __° __

Inseln/Halbinseln	Großlandschaften	Flüsse, Seen	Länder
a Große Sunda-Inseln	I Himalaya	1 _____	A _____
b Arabien	* Mt. Everest	2 _____	B _____
c Malakka	II Tarimbecken	3 _____	C _____
d Ceylon	III Tian Shan	4 _____	D _____
e Kamtschatka	IV Hochland von Tibet	5 _____	E _____
f Korea	V Uralgebirge	6 _____	F _____
	VI Sibirien	7 _____	

© westermann

China: Das Reich der Mitte

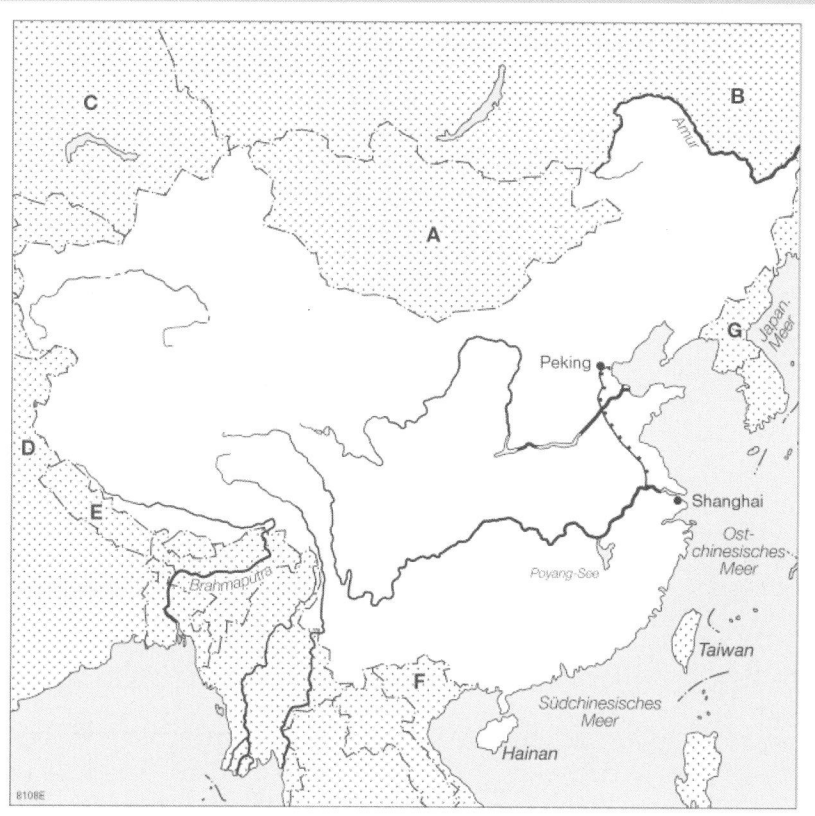

1. Zeichne die Landschaften in die Karte ein und benenne sie (Atlas).
  I Himalaya
  II Hochland von Tibet
  III Tarimbecken
  IV Große Ebene
  V Rotes Becken

2. Bezeichne die Gewässer (Atlas).
  1 Gelbes Meer
  2 Jangtskiang
  3 Huang He
  4 Großer Kanal (Kaiserkanal)

3. Benenne folgende angrenzende Länder (Atlas).
  A _____
  B _____
  C _____
  D _____
  E _____
  F _____
  G _____

4. Stelle die Bevölkerungsentwicklung Chinas in einem Säulendiagramm dar.

1760	200 Mio. Ew
1850	400 Mio. Ew
1950	555 Mio. Ew
2000	1265 Mio. Ew
2050 (geschätzt)	1370 Mio. Ew

5. In China werden Kinder als „Juwel des Himmels" angesehen, jedoch sind die Chinesen schon heute ein „Volk ohne Geschwister". Erkläre.

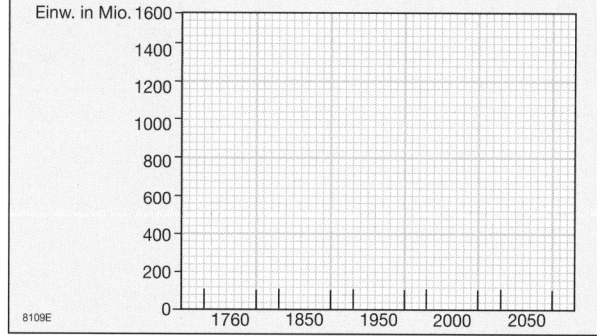

6. Beschreibe mit Hilfe des Lehrbuches und des Atlas die Bevölkerungsverteilung in China und nenne die Gründe dafür.

Bevölkerungsverteilung: _____

Gründe: _____

Indien

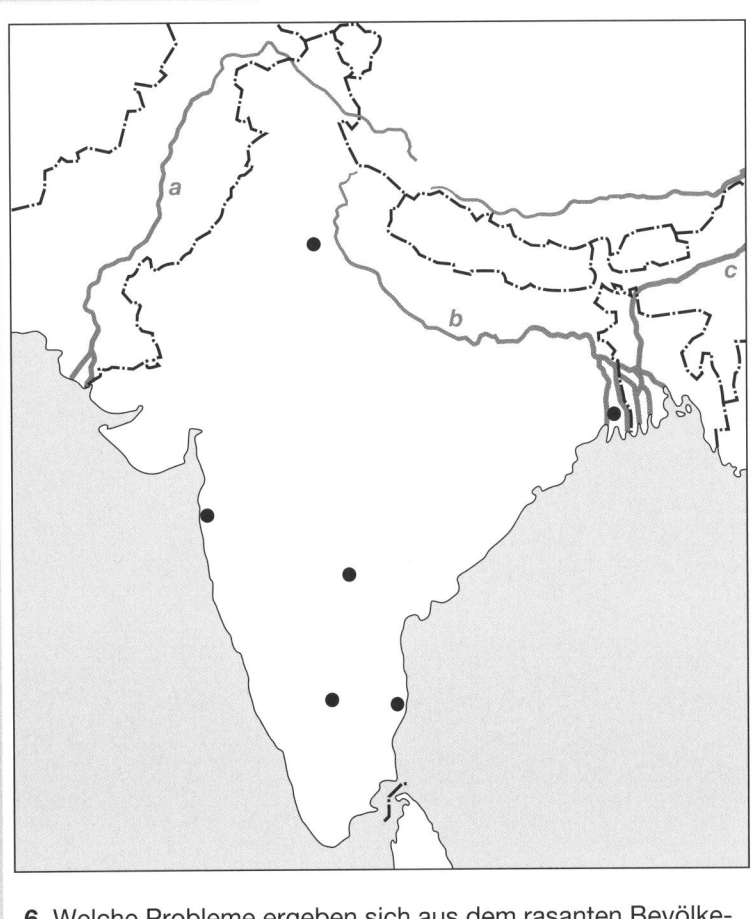

1. Kennzeichne die Landschaften mit unterschiedlichen Farben in der Karte: Westghats, Ostghats, Dekkan, Wüste Tharr, Himalaya und Gangestiefebene.

2. Übertrage deine Farben in die Legende

   ☐ Westghats ☐ Wüste Tharr

   ☐ Ostghats   ☐ Himalaya

   ☐ Dekkan   ☐ Gangestiefebene

3. Trage die Namen der Städte in die Karte ein.

4. Nenne die gekennzeichneten Flüsse.

   a _____

   b _____

   c _____

5. Übertrage das erwartete Bevölkerungswachstum in ein Säulendiagramm.
   - 1950: 358 Millionen Ein.
   - 2000: 1002 Millionen Ew.
   - 2050 (geschätzt): 1600 Millionen Ew.

6. Welche Probleme ergeben sich aus dem rasanten Bevölkerungswachstum?

   _____
   _____
   _____
   _____

7. Mit welchem Instrument versucht die Regierung das Wachstum zu verringern?

   _____

8. Löse das indische Kulturrätsel. Nutze dazu das Lehrbuch und das Internet.
   1. bedeutender indischer Politiker
   2. Grabmal in Agra
   3. Hauptstadt Indiens
   4. Nachbarland
   5. Stand der Priester
   6. Stand, in den ein Hindu hinein geboren wird

   Lösung: heiliger Fluss

8 © westermann

Japan: Eine globale Wirtschaftsmacht

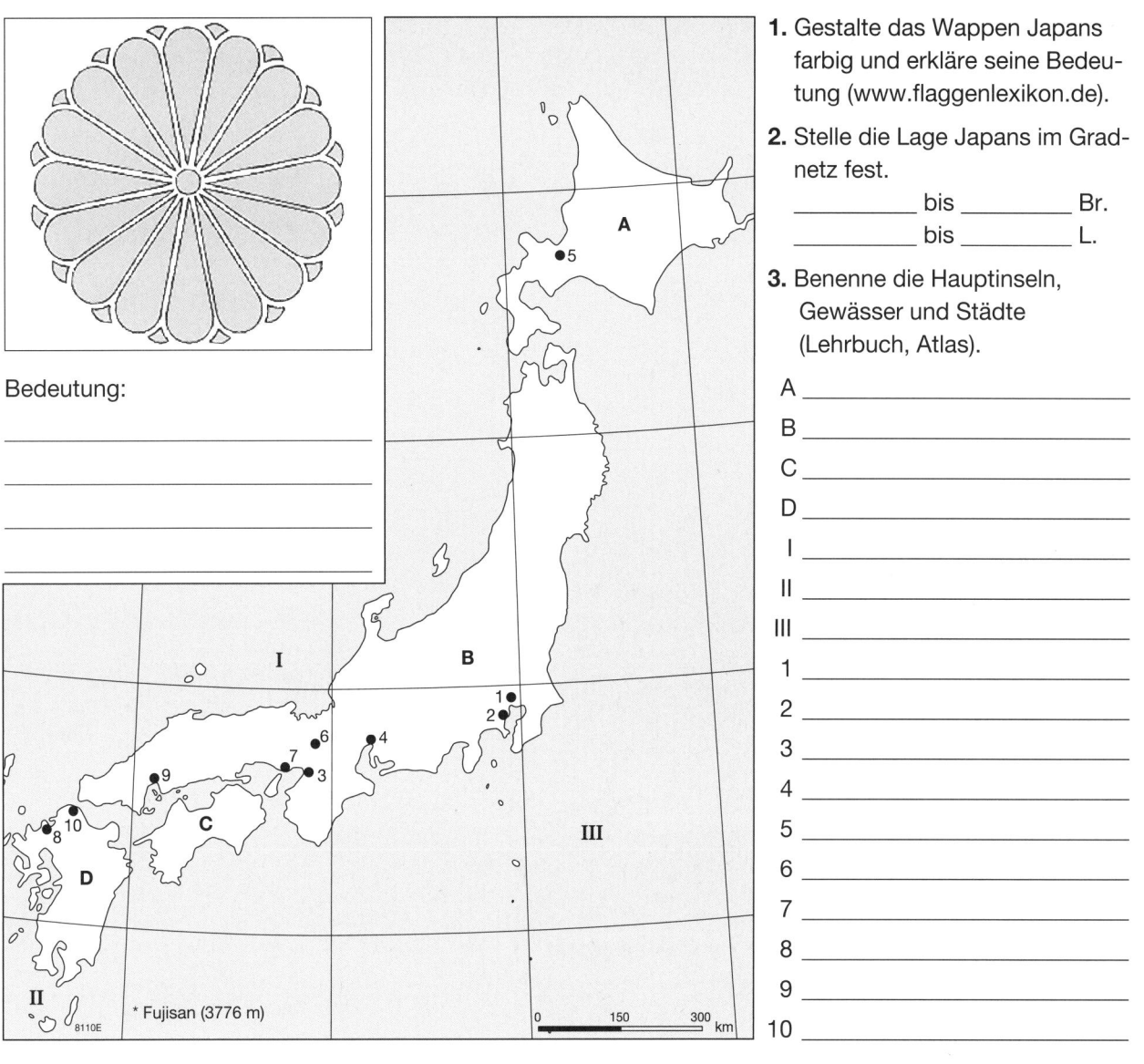

Bedeutung:
_____
_____
_____
_____

1. Gestalte das Wappen Japans farbig und erkläre seine Bedeutung (www.flaggenlexikon.de).

2. Stelle die Lage Japans im Gradnetz fest.
   _____ bis _____ Br.
   _____ bis _____ L.

3. Benenne die Hauptinseln, Gewässer und Städte (Lehrbuch, Atlas).

A _____
B _____
C _____
D _____
I _____
II _____
III _____
1 _____
2 _____
3 _____
4 _____
5 _____
6 _____
7 _____
8 _____
9 _____
10 _____

* Fujisan (3776 m)

4. Japan ist ein bedeutendes Land im Welthandel. Trage wichtige Handelsgüter ein, die Japan importiert und exportiert. Nenne Länder bzw. Regionen mit denen Japan Handel betreibt (Atlas, Lehrbuch).

Import

Handelsgüter: _____
_____
_____
_____

Länder/Regionen: _____
_____
_____

Export

Handelsgüter: _____
_____
_____
_____

Länder/Regionen: _____
_____
_____

Reis: Grundnahrungsmittel in Asien

1 China	166 000 000
2 Indien	133 513 000
3 Indonesien	51 849 200
4 Bangladesch	38 060 000
5 Vietnam	34 605 400
6 Thailand	27 000 000
7 Myanmar	21 900 000
8 Philippinen	13 171 087
9 Brasilien	10 219 300
10 Japan	9 863 000

Die zehn größten Reisproduzenten 2003:
Reisproduktion in Tonnen

1. Stelle die Reisproduktion der genannten Länder (siehe Tabelle) in einem Balkendiagramm dar. Kennzeichne die Balken mit den Länderzahlen aus der Tabelle.

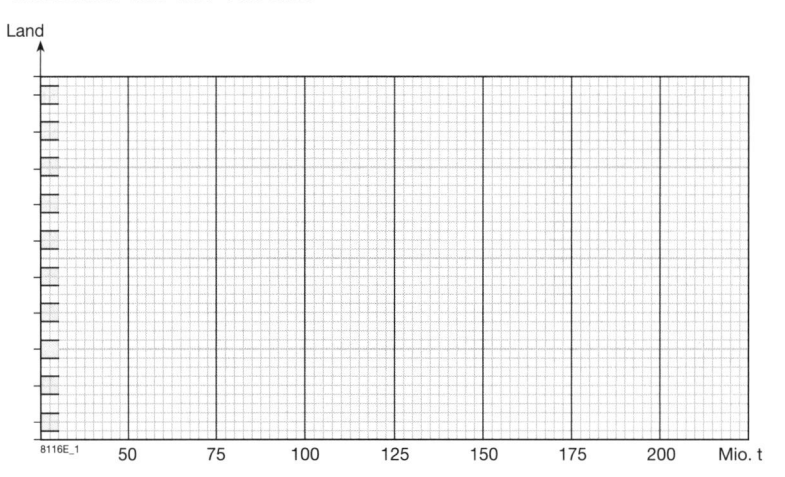

Reis – ein Hauptnahrungsmittel

Reis gehört zu den Rispengetreiden. Die Pflanze wird 1 bis 1,8 Meter hoch und besteht aus 18 bis 20 Halmen. Sie benötigt in der Wachstumszeit mindestens 20 °C Durchschnittstemperatur.
Reis wird schon sehr lange angebaut. Der chinesische Kaiser Shennung soll bereits um 2800 v.Chr. bei einer religiösen Zeremonie Reis ausgesät haben. Von China aus verbreitete er sich in verschiedene Richtungen. In Europa wurde erstmals um 1500 in Italien Reis angebaut, nach Amerika kam er im 17. Jahrhundert.
Anbau und Verzehr von Reis nehmen auf der ganzen Welt immer mehr zu. Für etwa 60 Prozent der Weltbevölkerung ist er Hauptnahrungsmittel. In den asiatischen Gebieten werden die Körner in der Regel gedämpft, damit sie traditionell mit der Hand oder mit Hilfe von Stäbchen gegessen werden können.
Aus dem Reiskorn werden Stärke, Grieß und Mehl gewonnen; Reismehl findet in der Kosmetik Verwendung. Die in den Reismühlen anfallenden Rückstände sind wertvolle Futtermittel für das Vieh. Aus Reis werden auch verschiedene alkoholische Getränke bereitet. Sake ist das bekannteste und wird in Japan schon seit langer Zeit aus Porzellanschälchen angewärmt getrunken.
(Quelle: Franke, G. u. a.: Früchte der Erde, Leipzig 1988, S. 60-62)

2. Lies den Text und nenne die Schlüsselwörter. Formuliere für jeden Abschnitt eine Zwischenüberschrift.

_____
_____
_____
_____
_____
_____

Zwischenüberschriften:
_____
_____
_____
_____

3. Begründe, weshalb die Kulturerdteile Ost-, Süd- und Südostasien als die drei Reiserdteile bezeichnet werden.

_____
_____
_____
_____

Die Plattentektonik: Eine kühne Idee

"Europa bewegt sich jedes Jahr weiter von Amerika weg!"

Ein Irrer!

Blödsinn!

1. Welcher Forscher hielt 1912 einen Vortrag über die Verschiebung von Kontinenten?

_____

2. Kreuze die wahren Aussagen an.

☐ „Die Erde besteht aus mehreren Platten."

☐ „Jeder Kontinent bildet eine eigene Platte."

☐ „Die Platten bewegen sich auf der Fließzone."

☐ „Alle Platten bewegen sich in die gleiche Richtung"

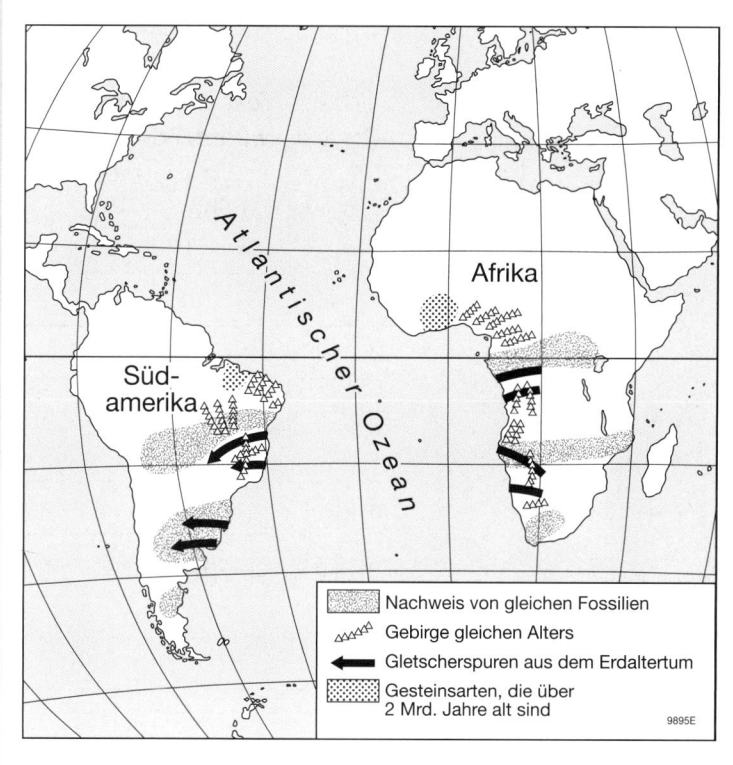

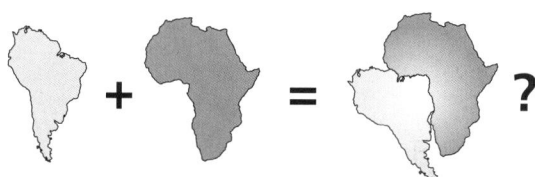

Legende:
- Nachweis von gleichen Fossilien
- Gebirge gleichen Alters
- Gletscherspuren aus dem Erdaltertum
- Gesteinsarten, die über 2 Mrd. Jahre alt sind

Zunächst war Wegener aufgefallen, wie genau die Küstenlinien zu beiden Seiten des Atlantischen Ozeans ineinander passten, wenn man das Meer zwischen Afrika und Südamerika wegdachte. Auch hatte man zu Beginn des 20. Jahrhunderts schon Fossilien von Reptilien auf verschiedenen Kontinenten gefunden, die eine enge Verwandtschaft besaßen. Für die zunächst vermuteten Landbrücken, über die ein Austausch zwischen den Erdteilen hätte stattfinden können, fanden sich aber keine Belege.

(Nach Miller, Hubert: Abriss der Plattentektonik. Stuttgart 1992)

3. Alfred Wegener suchte nach Belegen dafür, dass die Kontinente Afrika und Südamerika einmal zusammen hingen. Nenne fünf Belege mit Hilfe der Karte und des Lehrbuches.

Beleg 1: _____

Beleg 2: _____

Beleg 3: _____

Beleg 4: _____

Beleg 5: _____

Die Bewegung der Platten: Ursachen und Folgen

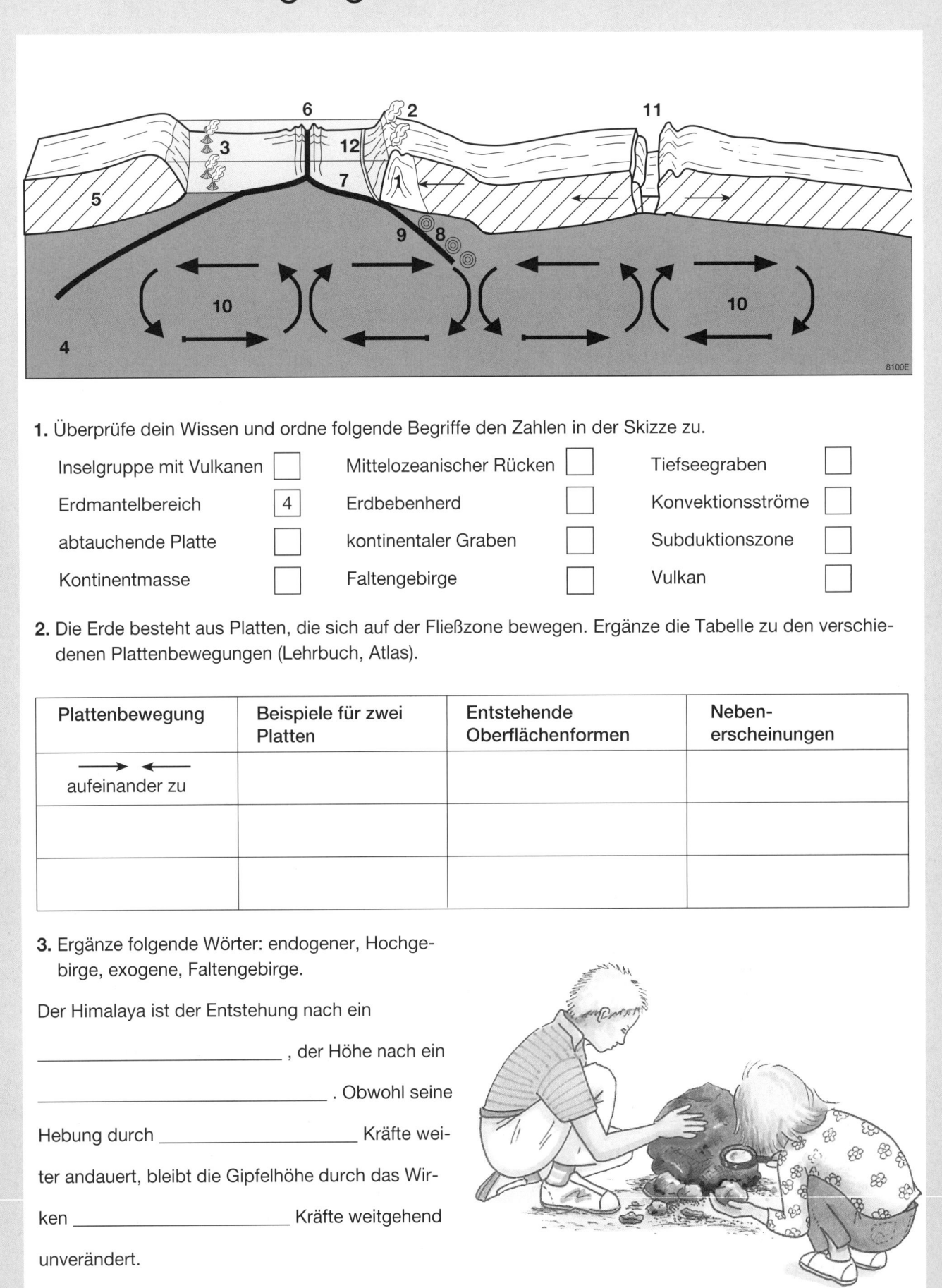

1. Überprüfe dein Wissen und ordne folgende Begriffe den Zahlen in der Skizze zu.

Inselgruppe mit Vulkanen ☐	Mittelozeanischer Rücken ☐	Tiefseegraben ☐
Erdmantelbereich [4]	Erdbebenherd ☐	Konvektionsströme ☐
abtauchende Platte ☐	kontinentaler Graben ☐	Subduktionszone ☐
Kontinentmasse ☐	Faltengebirge ☐	Vulkan ☐

2. Die Erde besteht aus Platten, die sich auf der Fließzone bewegen. Ergänze die Tabelle zu den verschiedenen Plattenbewegungen (Lehrbuch, Atlas).

Plattenbewegung	Beispiele für zwei Platten	Entstehende Oberflächenformen	Nebenerscheinungen
→ ← aufeinander zu			

3. Ergänze folgende Wörter: endogener, Hochgebirge, exogene, Faltengebirge.

Der Himalaya ist der Entstehung nach ein

_____ , der Höhe nach ein

_____ . Obwohl seine

Hebung durch _____ Kräfte weiter andauert, bleibt die Gipfelhöhe durch das Wirken _____ Kräfte weitgehend unverändert.

Vulkanismus: Der Schichtvulkan

Magma sammelt sich unter der Erdkruste in der Magmakammer. Wenn der Druck zu groß wird, kommt es zum Ausbruch des Vulkans. Dabei steigt das Magma im Schlot des Vulkans auf und tritt als Lavastrom am Krater und an Seitenkratern aus. Gleichzeitig wird Gas, Rauch und Staub sowie vulkanische Asche in die Atmosphäre abgegeben. Auch das Herausschleudern von Gesteinsbrocken ist zu beobachten. Lava und Asche lagern sich am Hang des Vulkans ab und bilden die für Schichtvulkane typische Wechsellagerung.

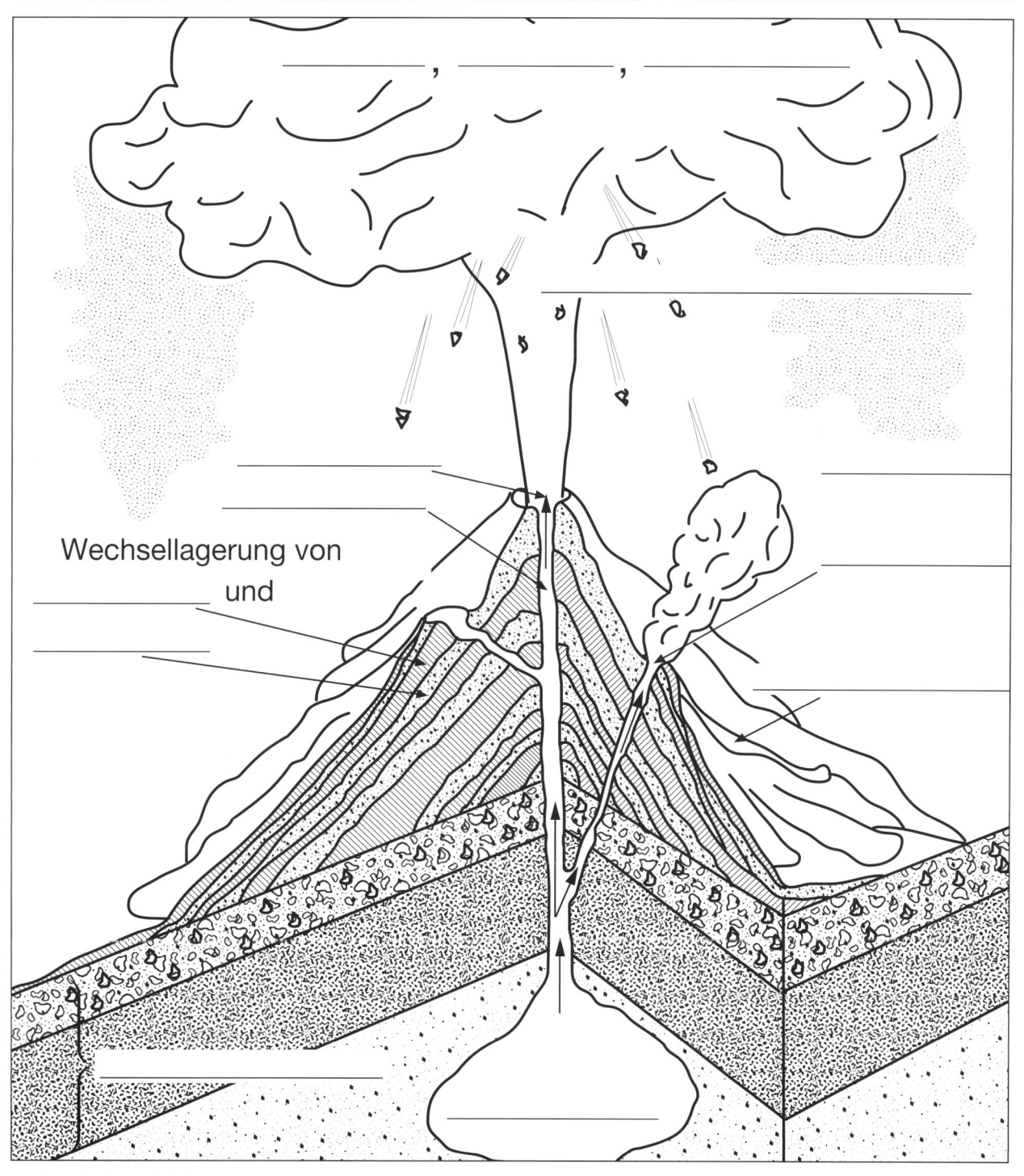

Wechsellagerung von _____ und _____

1. Beschrifte mit Hilfe des Textes den Schichtvulkan mit den folgenden Begriffen: Magma, Lava, Lavastrom, Asche (2x), Krater, Gas, Rauch, Seitenkrater, Staub, Gesteinsbrocken, Erdkruste, Schlot.
2. Gestalte das Blockbild farbig.

Naturkatastrophen in Asien

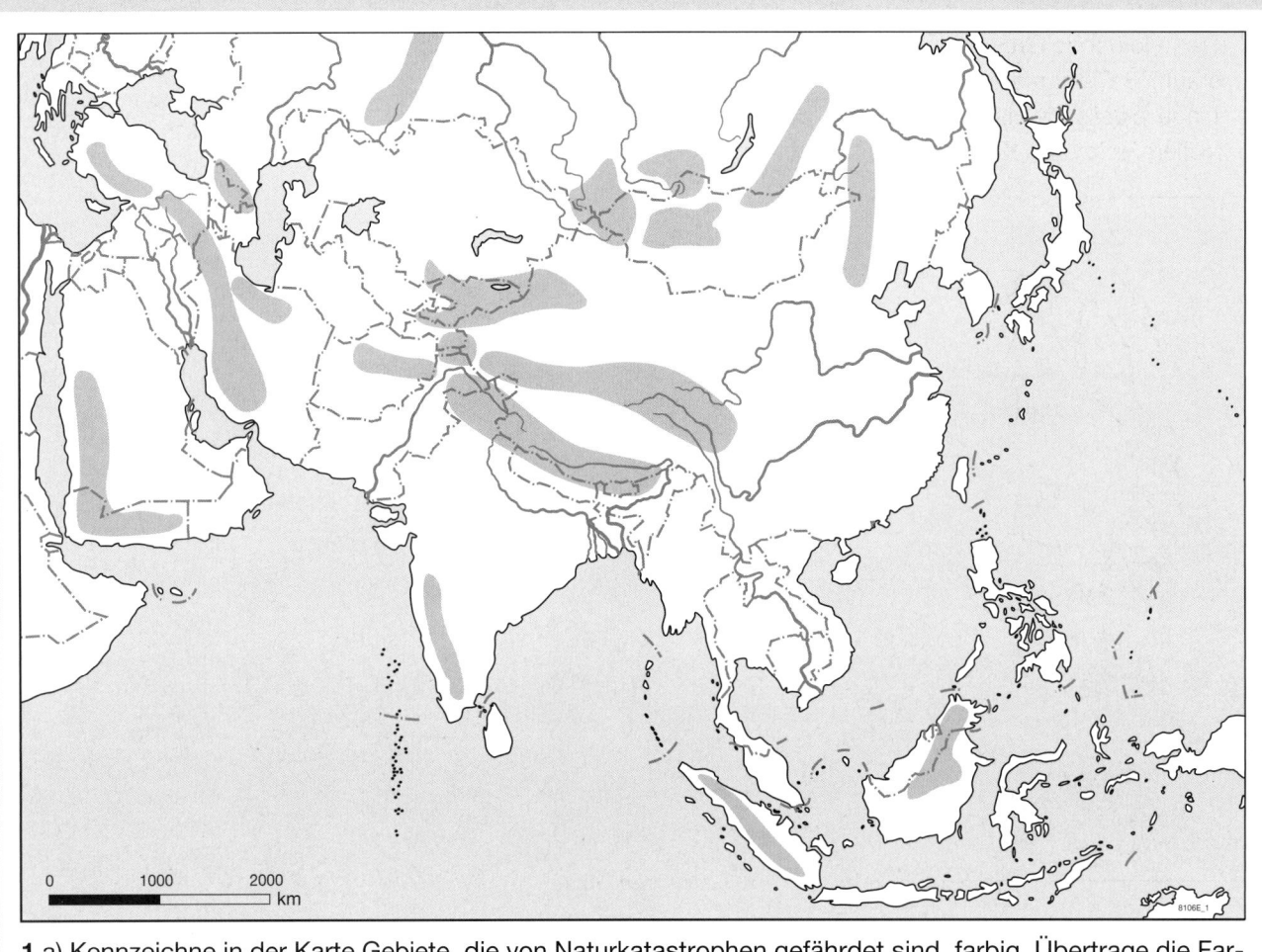

1 a) Kennzeichne in der Karte Gebiete, die von Naturkatastrophen gefährdet sind, farbig. Übertrage die Farben in die Legende.

b) Trage das Vulkanismus-Symbol an den Stellen in die Karte ein, die von Vulkanismus bedroht sind.

| ☐ Tsunamis | ☐ Überschwemmungen (Flüsse) | ▲ Vulkanismus |
| ☐ Erdbeben | ☐ Wirbelstürme | ☐ Monsunale Überschwemmungen |

2 a) Informiere dich im Lehrbuch und im Internet über den Tsunami vom 26.12.2004.

b) Welche Ursache hatte der Tsunami?

c) Beschreibe die Folgen des Tsunami für die Menschen in den betroffenen Regionen.

d) Welche Schutzmaßnahmen wurden ergriffen, um die Menschen vor weiteren Tsunamis zu schützen?

Der Monsun: Segen und Fluch

1. Trage folgende Großlandschaften in die Umrisskarten ein: 1 Gangesebene (grün), 2 Himalaya (dunkelbraun), 3 Ostghats (braun), 4 Westghats (braun) (Atlas).
2. Trage jeweils die Hauptwindrichtung und die Luftdruckgebiete in die Karten ein (Atlas, Lehrbuch).
3. Notiere unter den Karten wichtige Eigenschaften von Sommer- und Wintermonsun.

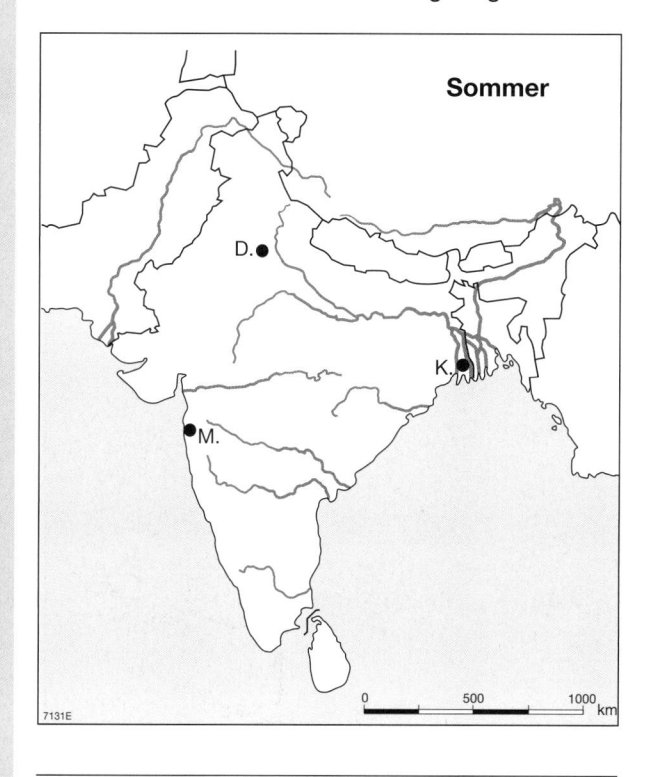

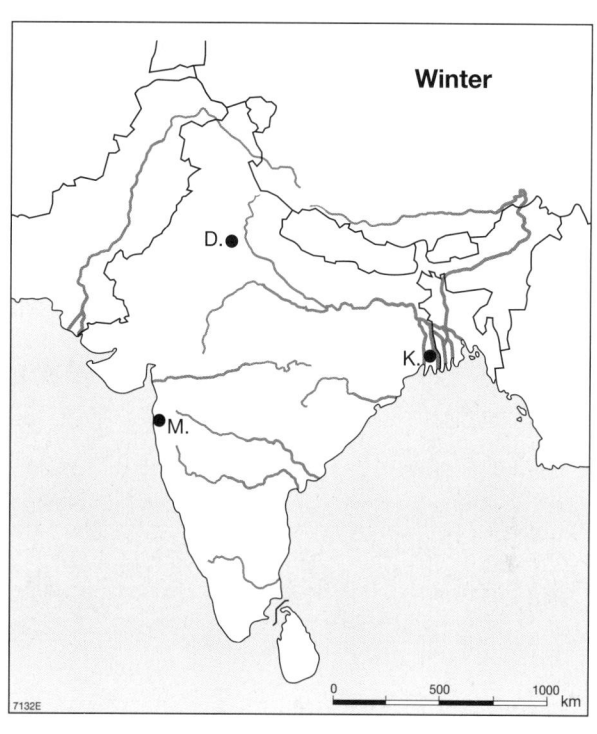

Sommer

Winter

_____ _____
_____ _____
_____ _____

4. In welchen Monaten würdest du nach Indien reisen? Begründe deine Entscheidung.
_____
_____
_____

5. Nenne die Auswirkungen des Monsuns.

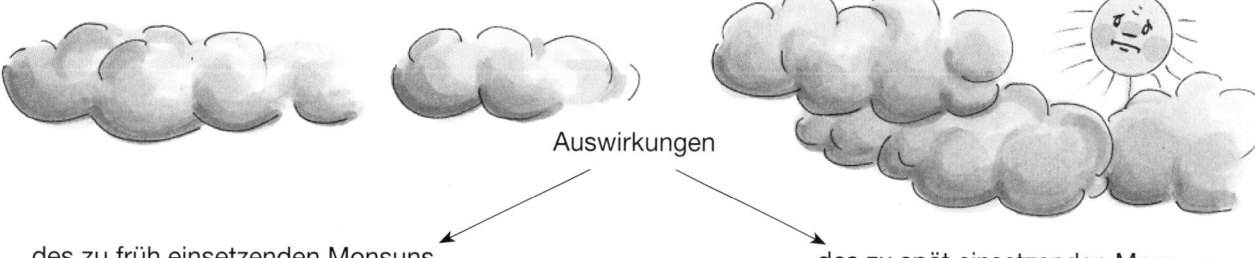

Auswirkungen

des zu früh einsetzenden Monsuns   des zu spät einsetzenden Monsuns
_____   _____
_____   _____
_____   _____
_____   _____

Würfelspiel Asien

Spielanleitung:
Je Arbeitsblatt können 2 bis 4 Schülerinnen und Schüler mitspielen. Benötigt werden ein Würfel und je eine Figur. Der Start ist in China, das Ziel liegt in Japan. Auf deiner Reise kannst du nummerierte Felder erreichen und dabei Glück oder Pech haben – auf alle Fälle aber viel Spaß!

1. Du kannst von der Großen Mauer weit in das Land blicken. Nenne drei weitere „Leistungen" des alten China. Für jede Antwort darfst du ein Feld vorrücken.

2. Im nördlichen Polarmeer wurdest du von Eis eingeschlossen. Du wartest auf einen Eisbrecher und musst einmal aussetzen.

3. Du bist am Ural angekommen. Nenne ein Merkmal des Gebirges, dann kannst du ein Feld vorrücken.

4. Du bist in der Hightech-Stadt Bangalore angekommen. Da du deine Aufgaben mit einem hier entwickelten Computerprogramm superschnell lösen kannst, darfst du zwei Felder vorrücken.

5. Du bist am Ganges in Varanasi angekommen. Wenn du erklären kannst, weshalb er als „heiliger Fluss" bezeichnet wird, darfst du noch einmal würfeln.

6. Beim Aufstieg auf den Mt. Everest geht dir in 8000 Metern Höhe die Luft aus. Du musst dringend eine Verschnaufpause einlegen. Setze einmal aus.

7. Du erreichst einen der Kleine-Tiger-Staaten. Wenn du den Namen nennen kannst, darfst du ein Feld vorrücken.

8. Auf Java gibt es besonders viele Vulkane. Wenn du erklären kannst warum, darfst du zwei Felder vorrücken.

9. Du hast beim Anbau von Reis mitgeholfen. Nun darfst du am traditionellen Reisfest teilnehmen. Das dauert Tage, setze einmal aus.

10. In Hongkong unternimmst du eine Hafenrundfahrt mit einer Dschunke. Setze einmal mit würfeln aus.

11. Am Jangtsekiang entsteht die größte Staumauer der Erde. Dein Schiff wird an der Weiterfahrt gehindert, gehe zwei Felder zurück.

12. In der Millionenstadt Tokio gelangst du nur langsam von einer Sehenswürdigkeit zur anderen. Wenn du erklären kannst warum, darfst du ein Feld vorrücken.

13. Du nimmst den Hochgeschwindigkeitszug Shinkansen und kommst dadurch schnell voran. Rücke bis zum Ziel vor.

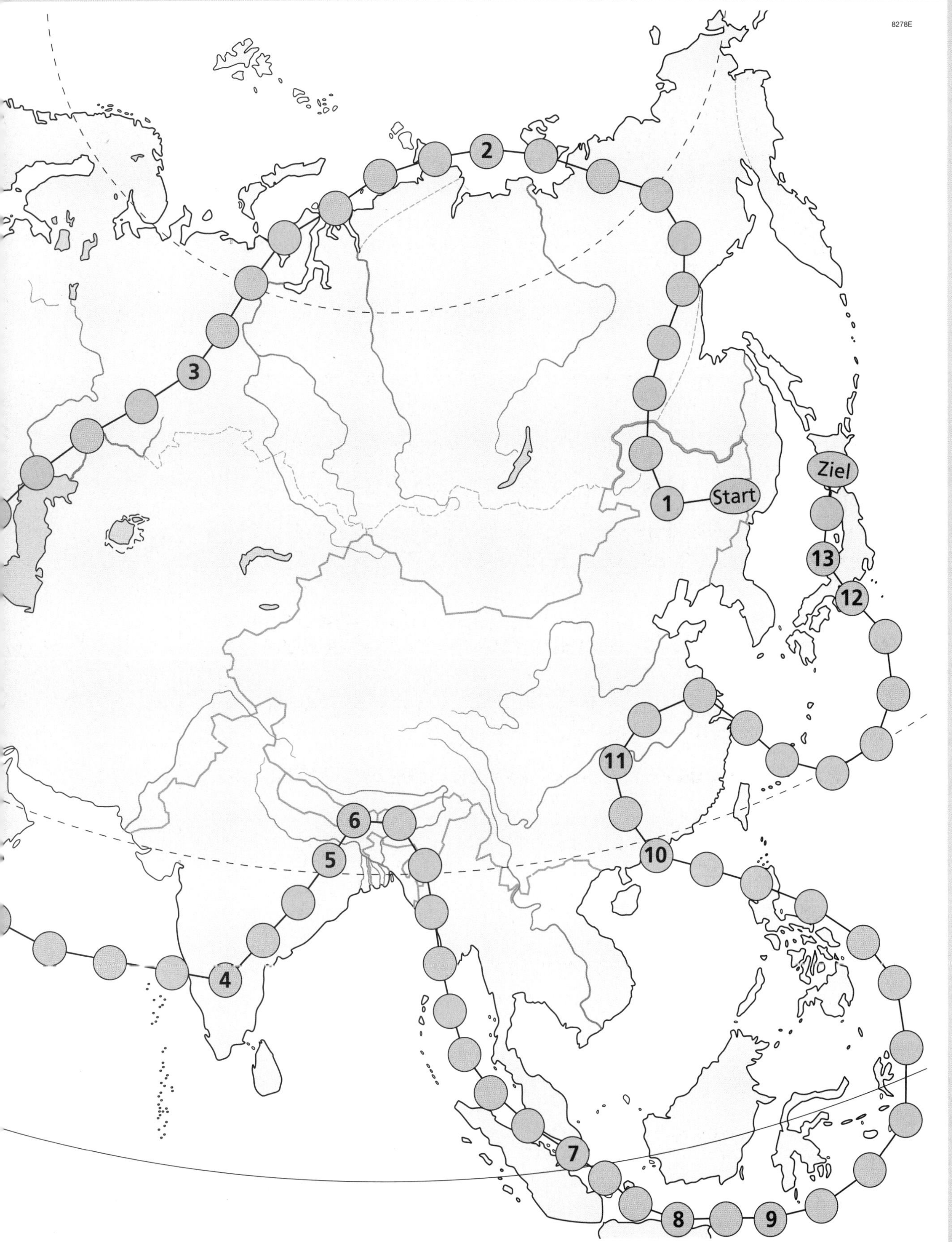
8278E
Start
1
2
3
4
5
6
7
8
9
10
11
12
13
Ziel

Der Nahe Osten

1. Beschreibe die Lage des Nahen Ostens. Gestalte dazu eine Legende (z.B. Meere, Flüsse, Länder, Städte).

_____
_____
_____
_____

Legende

2. Beschreibe die Merkmale des Nahen Ostens.

Religion	Sprache/Schrift

NAHER OSTEN

Naturraum	Ressourcen

Erdöl verändert eine Region

1. Benenne die Erdöl fördernden Staaten am Persischen Golf (Atlas).

1 _____
2 _____
3 _____
4 _____
5 _____
6 _____
7 _____
8 _____

2. Wie haben sich die Städte und der Lebensstandard in großen Teilen der Region durch das Erdöl verändert?

Städte	**Lebensstandard**
_____	_____
_____	_____
_____	_____
_____	_____
_____	_____
_____	_____

3. Welche Nachteile brachte das Erdöl der Region?

4. Das Ende der Erdölförderung ist schon abzusehen. Erläutere an einem Beispiel, wie sich die Staaten am Persischen Golf ihre wirtschaftliche Zukunft sichern?

Die Türkei: Ein Land der Gegensätze

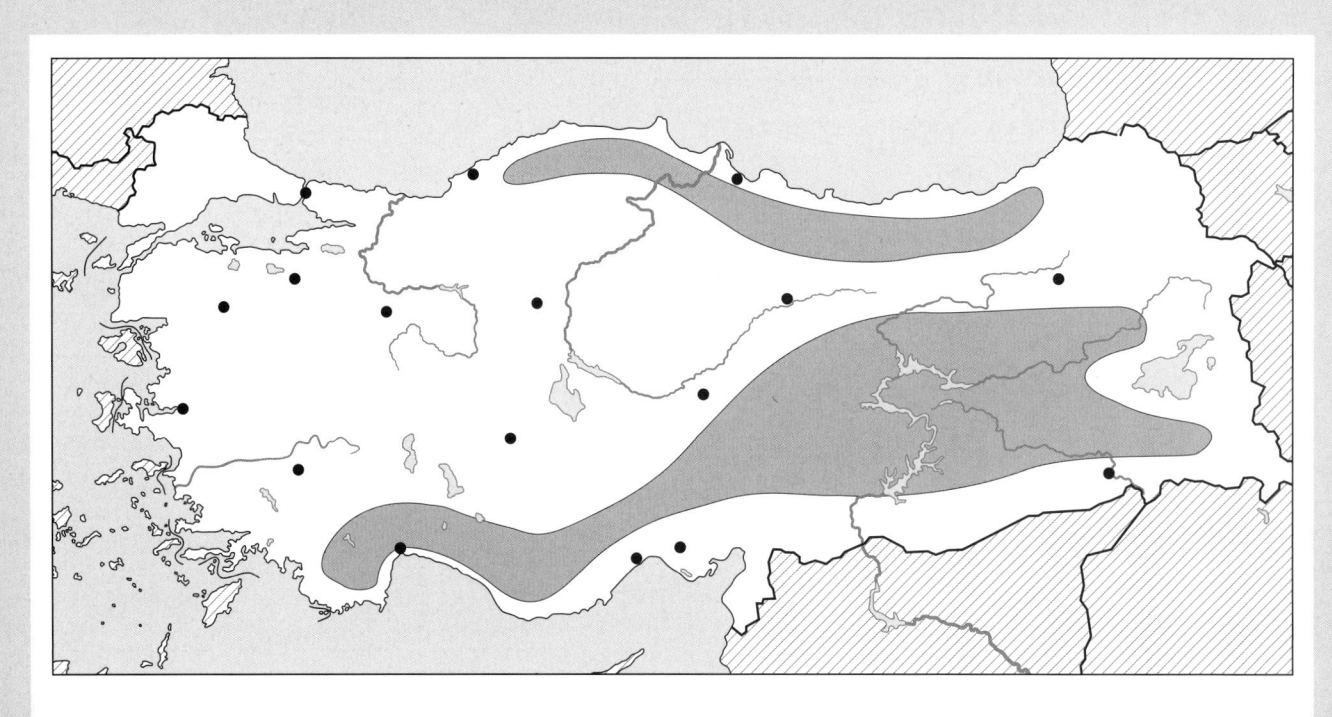

1. a) Benenne die Städte in der Karte. Trage dazu den jeweiligen Namen in die Karte ein.
   b) An welchen Kontinenten hat die Türkei Anteil. Kennzeichne diese in der Karte farbig.

2. Analysiere die Türkei. Vervollständige dazu die schematische Übersicht mit entsprechenden Merkmalen.

Bevölkerung/Siedlung/Gegesätze	Tourismus/historische Stätten

Die Türkei – ein vielfältiges Land

Kultur	Verkehr/Industrie

Jerusalem: Eine heilige Stadt dreier Religionen

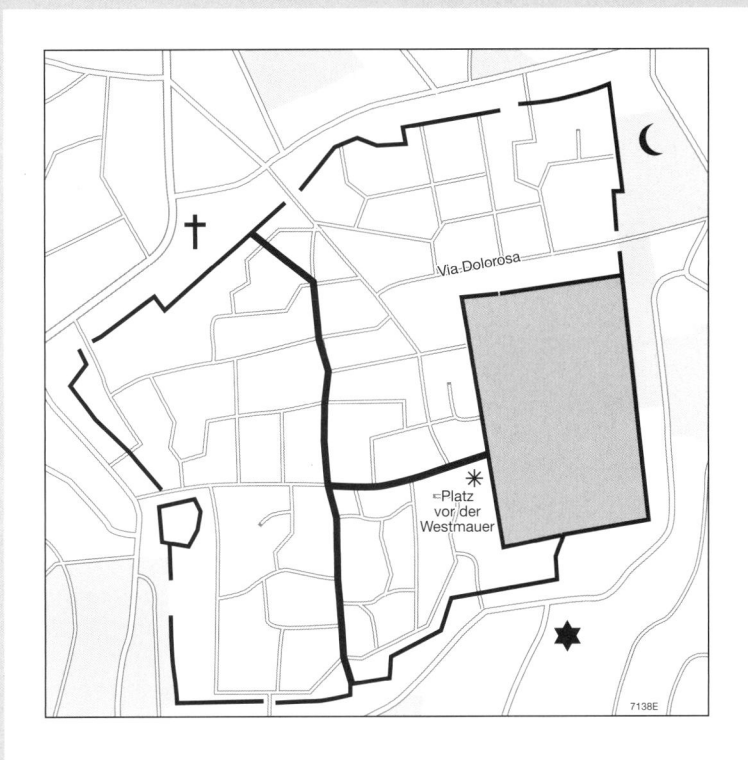

1. In der Altstadt Jerusalems leben die Angehörigen der jüdischen, christlichen und islamischen Religionsgemeinschaften in getrennten Stadtvierteln. Kennzeichne jedes dieser Viertel mit einer Farbe (jüdisches Viertel – Gelb, christliches Viertel – Rot, islamisches Viertel – Grün).

2. Jede der drei Religionsgemeinschaften hat in Jerusalem wichtige Heiligtümer, die zum kulturellen Welterbe der Menschheit gehören. Nenne diese Heiligtümer und kennzeichne sie in der Karte (Lehrbuch, Lexikon, Atlas).

_____

_____

_____

3. Vervollständige die Tabelle. Nutze dazu Nachschlagewerke und frage deinen Ethik- oder Religionslehrer.

	Christentum	Judentum	Islam
Gebetshaus/ heilige Stätte			
Heiliger Wochentag	Sonntag		
Heiliges Buch			
Religiöse Handlungen	–	–	– fünf Gebete am Tag
			–
			–
	–	–	–

Die orientalische Stadt im Wandel

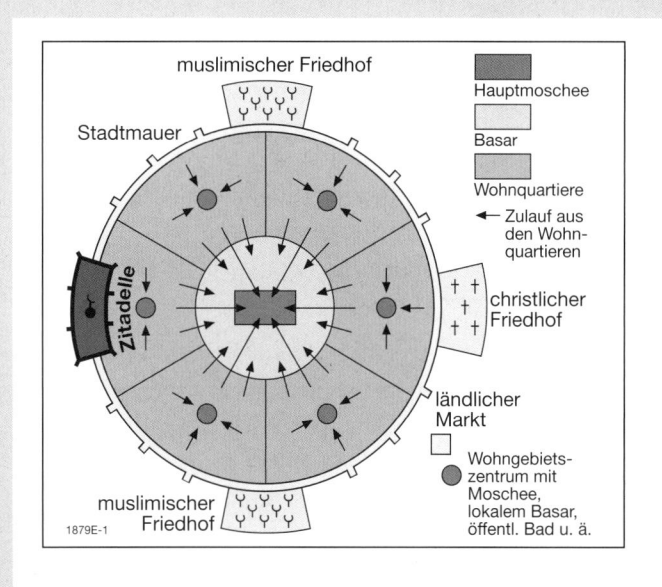

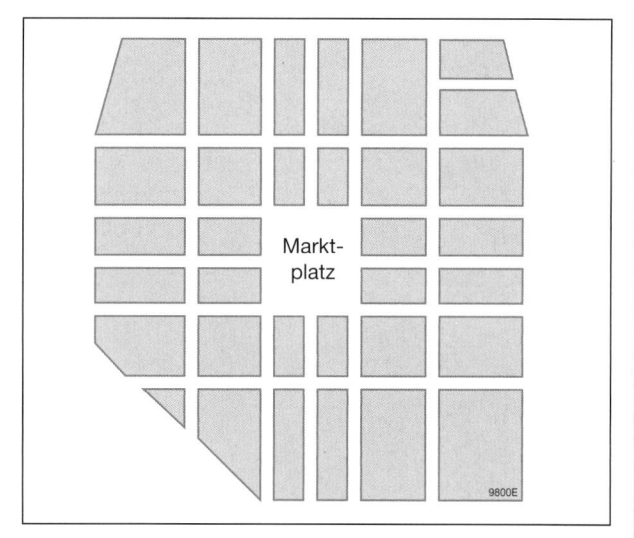

Vergleich zwischen einer orientalischen Stadt und einer deutschen Stadt (siehe auch Abbildungen unten)

1. Trage den Stadtmittelpunkt in den beiden Stadtplänen farbig ein.

Im Zentrum der orientalischen Stadt liegt der _____

Im Zentrum der deutschen Stadt liegt der _____

2. Vergleiche den Grundriss beider Stadttypen. Nenne Unterschiede.

_____

_____

_____

_____

3. Nenne Unterschiede zwischen einem typischen orientalischen Haus und dem Haus, in dem du wohnst.

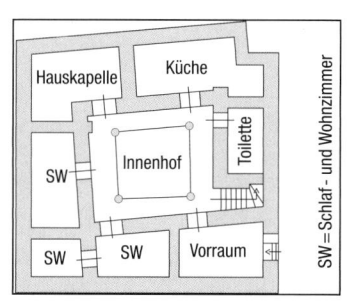

_____

_____

_____

4. Die islamisch-orientalischen Städte verändern sich. Benenne die Veränderungen und begründe diese.

_____

_____

_____

_____

_____

Afrika: Oberflächengestalt

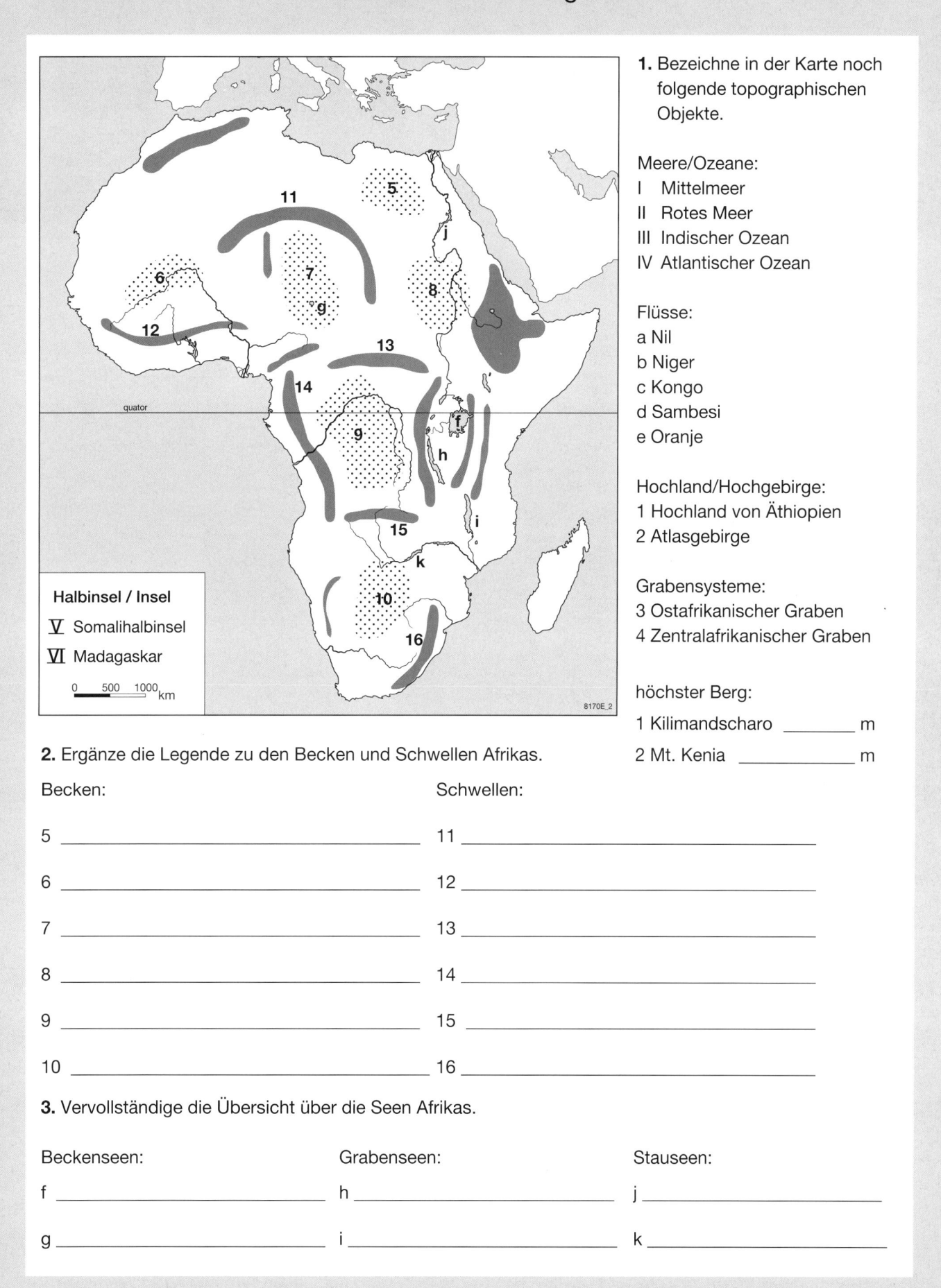

1. Bezeichne in der Karte noch folgende topographischen Objekte.

Meere/Ozeane:
I Mittelmeer
II Rotes Meer
III Indischer Ozean
IV Atlantischer Ozean

Flüsse:
a Nil
b Niger
c Kongo
d Sambesi
e Oranje

Hochland/Hochgebirge:
1 Hochland von Äthiopien
2 Atlasgebirge

Grabensysteme:
3 Ostafrikanischer Graben
4 Zentralafrikanischer Graben

höchster Berg:
1 Kilimandscharo _____ m
2 Mt. Kenia _____ m

Halbinsel / Insel
V Somalihalbinsel
VI Madagaskar

2. Ergänze die Legende zu den Becken und Schwellen Afrikas.

Becken:

5 _____
6 _____
7 _____
8 _____
9 _____
10 _____

Schwellen:

11 _____
12 _____
13 _____
14 _____
15 _____
16 _____

3. Vervollständige die Übersicht über die Seen Afrikas.

Beckenseen:
f _____
g _____

Grabenseen:
h _____
i _____

Stauseen:
j _____
k _____

© westermann 23

Afrika: Lage und Staaten

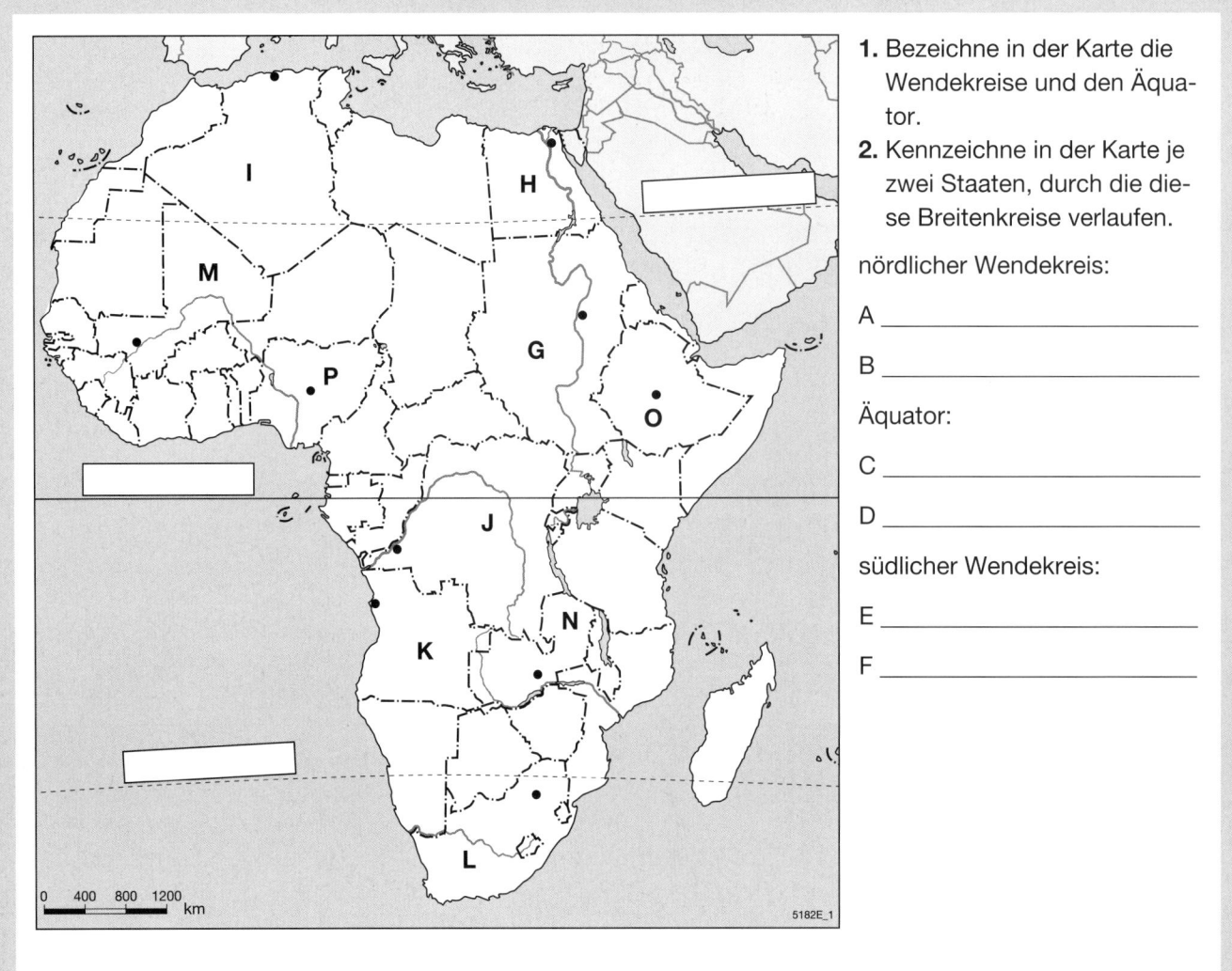

1. Bezeichne in der Karte die Wendekreise und den Äquator.

2. Kennzeichne in der Karte je zwei Staaten, durch die diese Breitenkreise verlaufen.

nördlicher Wendekreis:

A _____

B _____

Äquator:

C _____

D _____

südlicher Wendekreis:

E _____

F _____

3. Ergänze die Übersicht. Ermittle die Hauptstädte und bezeichne sie in der Karte.

Staaten: Hauptstadt

G _____   Kh. _____

H _____   Ka. _____

I _____   Al. _____

J _____   Ki. _____

K _____   Lu. _____

L _____   Pr. _____

M _____   Ba. _____

N _____   Lus. _____

O _____   Ad. _____

P _____   Ab. _____

24 © westermann

Afrikas Vergangenheit: Sklavenhandel und Kolonialismus

1. Erläutere den Sklavenhandel. Erkläre in diesem Zusammenhang den Dreieckshandel. Vervollständige auch die Skizze, indem du die gehandelten Waren einträgst. Nutze Lehrbuch, Internet und Nachschlagewerke.

_____
_____
_____
_____
_____
_____
_____
_____

2. a) Erläutere, was man unter Kolonialismus versteht (Lehrbuch, Internet).
_____
_____
_____

b) Welche europäischen Länder hatten in Afrika Kolonien (Atlas, Lehrbuch)?
_____
_____

c) Welche afrikanischen Staaten waren deutsche Kolonien (Atlas)?
_____

d) Was wurde auf der Kongo-Konferenz 1884/85 beschlossen? Wo fand sie statt (Lehrbuch, Internet)?
_____
_____

3. Der Kolonialismus ist für viele der heutigen Probleme Afrikas verantwortlich. Nenne ein Problem und erläutere den Zusammenhang mit dem Kolonialismus.
_____
_____
_____

4. *„Der Kolonialismus brachte den Afrikanern die Zivilisation und technischen Fortschritt."* Nimm Stellung zu dieser Aussage.
_____
_____

Südafrika

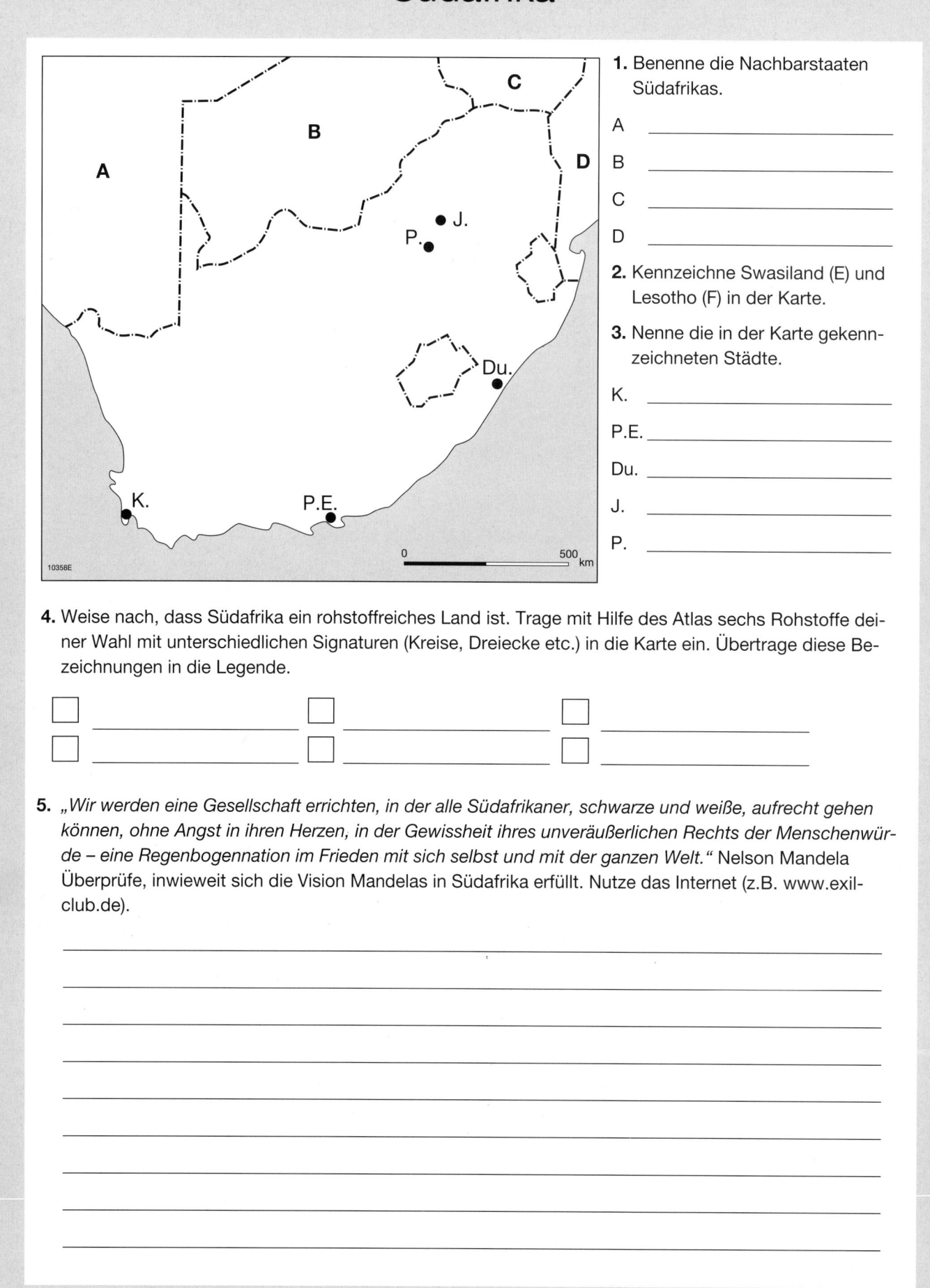

1. Benenne die Nachbarstaaten Südafrikas.

A _____
B _____
C _____
D _____

2. Kennzeichne Swasiland (E) und Lesotho (F) in der Karte.

3. Nenne die in der Karte gekennzeichneten Städte.

K. _____
P.E. _____
Du. _____
J. _____
P. _____

4. Weise nach, dass Südafrika ein rohstoffreiches Land ist. Trage mit Hilfe des Atlas sechs Rohstoffe deiner Wahl mit unterschiedlichen Signaturen (Kreise, Dreiecke etc.) in die Karte ein. Übertrage diese Bezeichnungen in die Legende.

☐ _____ ☐ _____ ☐ _____
☐ _____ ☐ _____ ☐ _____

5. „Wir werden eine Gesellschaft errichten, in der alle Südafrikaner, schwarze und weiße, aufrecht gehen können, ohne Angst in ihren Herzen, in der Gewissheit ihres unveräußerlichen Rechts der Menschenwürde – eine Regenbogennation im Frieden mit sich selbst und mit der ganzen Welt." Nelson Mandela
Überprüfe, inwieweit sich die Vision Mandelas in Südafrika erfüllt. Nutze das Internet (z.B. www.exil-club.de).

_____
_____
_____
_____
_____
_____
_____
_____

Naturraum Wüste I

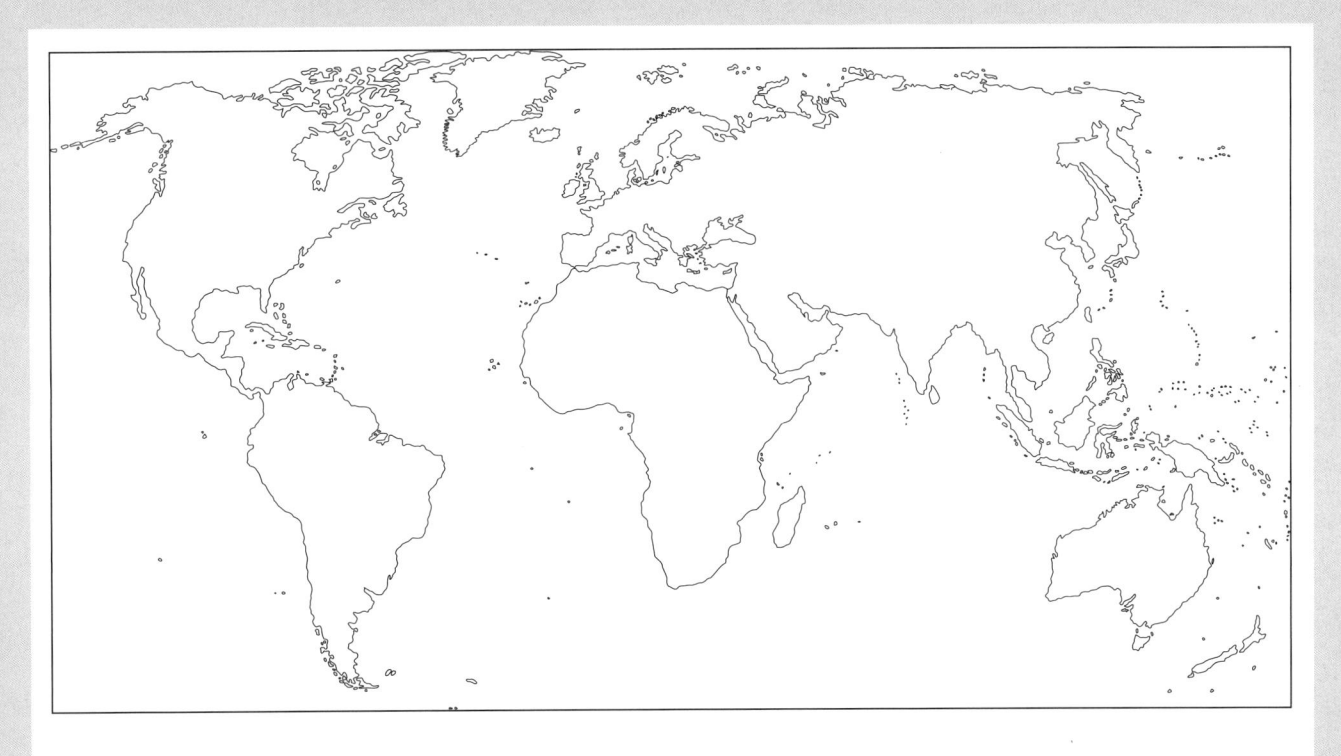

1. Suche nachfolgenden Wüsten in deinem Atlas, zeichne ihre Lage mit einem gelben Stift in die Weltkarte ein. Versuche, so genau wie möglich zu zeichnen. Schreibe in der Karte zu jeder Wüste den dazugehörigen Buchstaben: A Atacama, B Mojavewüste, C Namib, D Kysylkum, E Sahara, F Syrische Wüste, G Takla Makan.

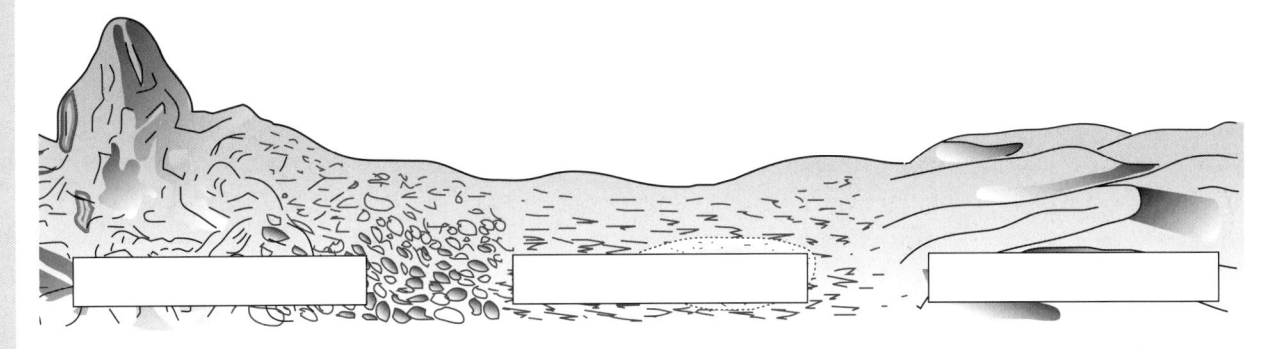

2. Benenne mit Hilfe deines Lehrbuches die einzelnen Wüstenarten in der Skizze.

3. Ergänze den Lückentext mit folgenden Begriffen: Sandwüste, Felsen, abfließende, trocken, Temperaturen, Gesteinen, Wind, Niederschläge.

In der Wüste ist es das ganze Jahr über sehr _____ . Die _____ schwanken sehr stark zwischen Tag und Nacht. Diese Schwankungen führen zum Zerfall von _____ und _____ . Geringe _____ verhindern das Pflanzenwachstum. Es regnet nur ganz selten, dann aber sehr heftig. Nach einem seltenen Regenschauer transportiert das stark _____ _____ Wasser Steine von zerfallenen Felsen in die Kieswüste. Der _____ bläst Sand aus und lagert ihn in der _____ wieder ab.

Naturraum Wüste II

Wüsten sind Landschaften mit geringem oder völlig fehlendem _____ . Ursache für den fehlenden Pflanzenbewuchs ist der Mangel an _____ . Oft fällt jahrelang kein _____ . Eine der größten und bekanntesten Wüsten der Erde ist die _____ in Afrika. Entgegen vielen Vorstellungen ist die Sahara kein einziges großes _____ . Nur etwa ein Fünftel aller Wüsten sind Sandwüsten. Etwa zwei Drittel aller Wüsten sind _____ . Hier ist es tagsüber besonders _____ und nachts sinken die Temperaturen gelegentlich unter den Gefrierpunkt. Durch diese starken Temperaturunterschiede kommt es zu _____ im Gestein und es kann auseinanderbrechen. Ein Zehntel aller Wüsten sind _____ , welche aus Geröll bestehen. Der _____ bläst aus den Kies- und Felswüsten Sand aus und schüttet ihn zu _____ auf. _____ sind Trockentäler in der Wüste, die nur ganz selten Wasser führen. Trotz der großen Trockenheit gibt es einige wenige Stellen, an denen das _____ nur einige wenige Meter unter der Erdoberfläche liegt. Hier können die _____ einiger Pflanzen das Grundwasser erreichen und das Grundwasser kann durch _____ angezapft werden. So entstehen _____ . Hier leben Bauern, Handwerker und Händler in festen _____ . Da die Felder und Gärten der Oasen _____ werden, kann hier Getreide, Obst und Gemüse angebaut werden. Typisch für eine Oase ist die _____ . Sie gilt als _____ der Oase. Am Südrand der Sahara fallen mehr Niederschläge als im Innern der Wüste. Hier wachsen _____ _____ und einzelne _____ . Da die Niederschläge für den Ackerbau nicht reichen, leben die Menschen von der _____ . Wenn die Tiere die wenigen Pflanzen eines Weideplatzes abgefressen haben, wandern die Viehhirten mit ihren Herden weiter. Völker, die mit ihren Herden ständig auf Wanderschaft sind, nennt man _____ . Ein solches Nomadenvolk am Südrand der Sahara sind z.B. die _____ .

1. Trage in die Lücken folgende Begriffe ein:

Bewässert – Brotbaum – Brunnen – Dattelpalme – Dünen – Felswüsten – Gräser – Grundwasser – heiß – Kieswüsten – Nomaden – Oasen – Pflanzenbewuchs – Regen – Sahara – Sandmeer – Siedlungen – Spannungen – Sträucher – Tuareg – Viehzucht – Wadis – Wasser – Wind – Wurzeln

Die Sahara: Die größte Wüste der Erde

Die Sahara ist mit einer Größe von 9,1 Mio. km² die größte Wüste der Welt. Von Nord nach Süd erstreckt sie sich über 2000 km und misst von Westen nach Osten etwa 6000 km.

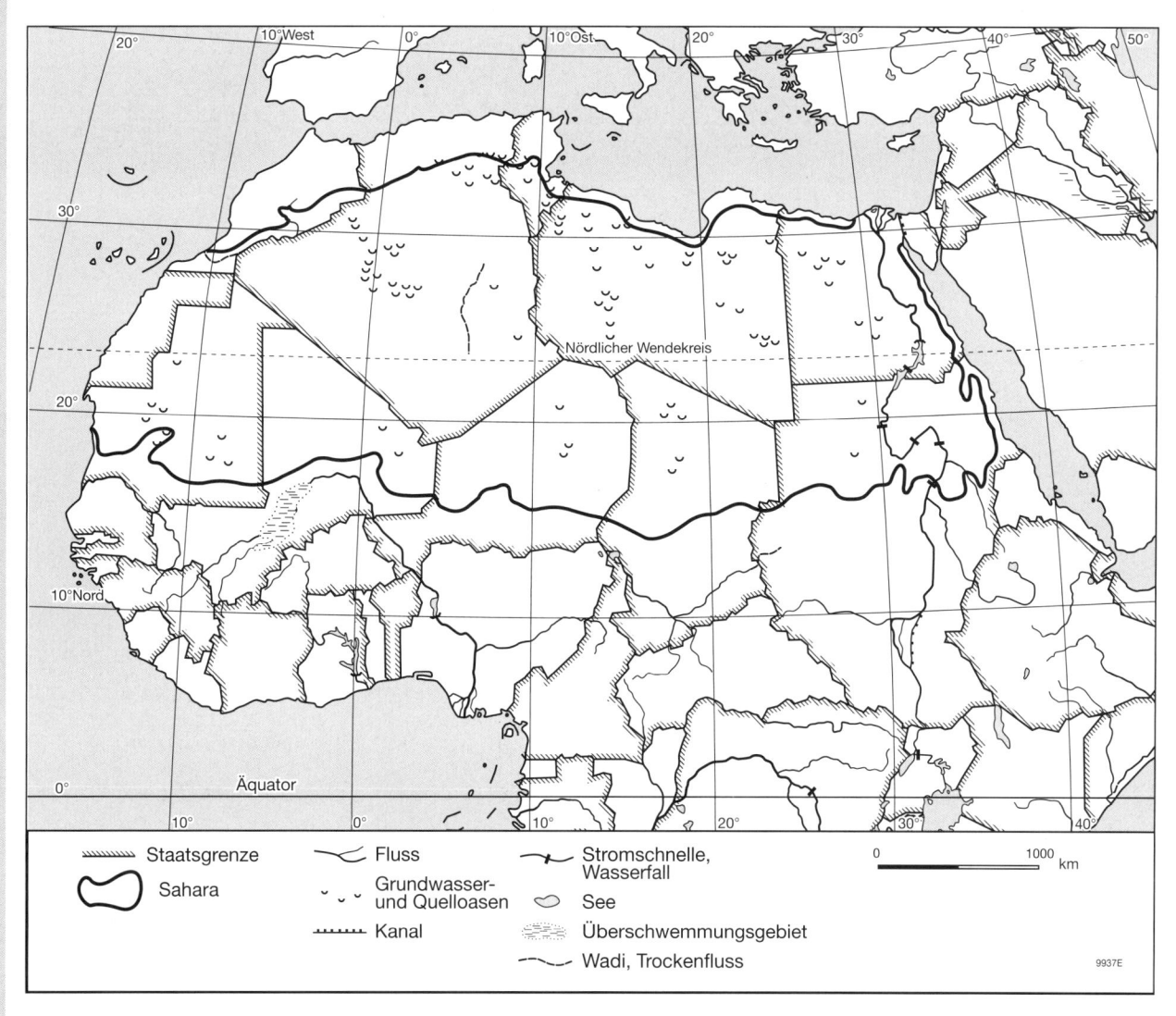

Legende:
- Staatsgrenze
- Sahara
- Kanal
- Fluss
- Grundwasser- und Quelloasen
- Stromschnelle, Wasserfall
- See
- Überschwemmungsgebiet
- Wadi, Trockenfluss

1. Färbe die Fläche der Sahara mit einem gelben und Meere und Flüsse mit einem blauen Farbstift ein.

2. Liste mit Hilfe deines Atlas alle Staaten auf, die einen Anteil an der Sahara haben:

_____

_____

_____

3. Trage die Hauptstädte dieser Staaten mit einem roten Farbstift in die Karte ein und schreibe die jeweiligen Namen daneben.

4. Zeichne die nachfolgenden Gebirge mit einem braunen Farbstift in die Karte ein und schreibe die Namen dazu: Ahaggar, Atlas, Ennedi, Tassili der Adjer, Tibesti.

Die Sahelzone

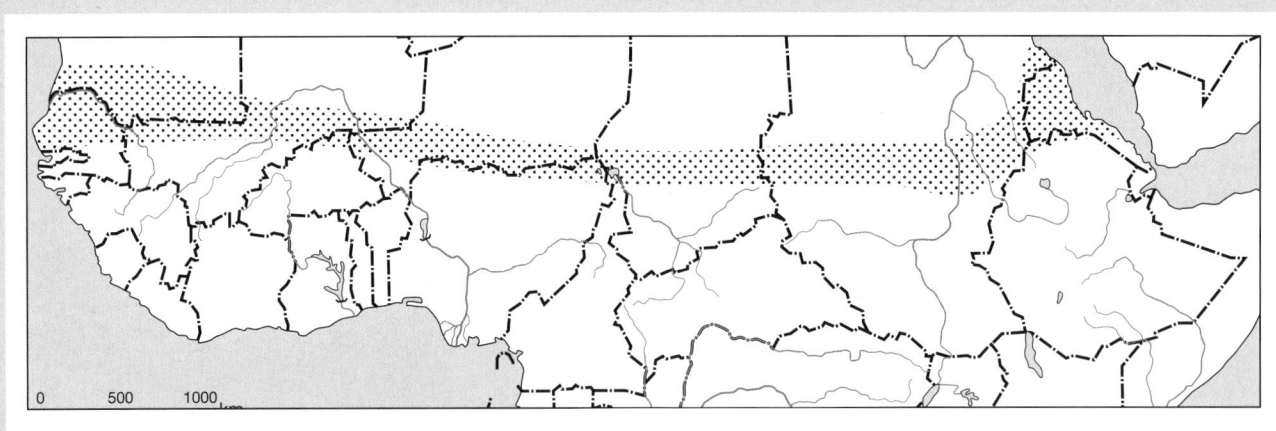

1. Ermittle die Nord-Süd- und die Ost-West-Ausdehnung der Sahelzone.
  Nord-Süd-Ausdehnung: etwa _____ km; Ost-West-Ausdehnung: etwa _____ km

2. Benenne die Staaten und deren Hauptstädte, die durch die Sahelzone verläuft.

Staat	Hauptstadt
A	D.
B	N.
C	B.
D	Ni.
E	A.
F	N´D.
G	K.
H	As.

3. An welcher Klima- und Vegetationszone hat die Sahelzone Anteil?

	Klimazone	Vegetationszone
Merkmale:		

4. Sahel bedeutet „Ufer". Erkläre!
_____
_____

5. Welche Ursachen und Folgen hat die Übernutzung der Sahelzone?
_____
_____
_____
_____
_____
_____

Raumanalyse I

i Informations-kompetenz

Informationsbeschaffung: Material suchen und zielgerichtet auswählen

Informationsverarbeitung: Ergebnisse aufgabenbezogen strukturieren

Informationsaufbereitung: Ergebnisse in Wort, Bild, Skizze, Statistik und anderen Formen dokumentieren; Pinnwände gestalten, Vorträge halten u. a. m.

1. Wähle ein Land aus den im Lehrbuch behandelten Regionen der Erde aus und fertige ein Kurzporträt an.
2. Entwirf eine kartographische Skizze des Landes mit Gradnetzangaben.
3. Beschaffe dir in einem Reisebüro oder im Internet Material zu dem Land. Wähle daraus aus und klebe auf.

Land: _____

Hauptstadt: _____

Einwohner: _____

Fläche: _____

Flagge

kartographische Skizze

Werbematerial

Viele Merkmale prägen einen Raum

Kultur
Religion, Sprache, Tradition, Bauweise

Politik und Geschichte
politische Verhältnisse, geschichtliche Entwicklung

Verkehr
Kraftfahrzeug-, Eisenbahn-, Luft- und Wasserverkehr

Wirtschaft
Landwirtschaft, Industrie, Bergbau, Dienstleistungen (z. B. Tourismus)

Bevölkerung, Besiedlung
Bevölkerungsdichte, Bevölkerungsverteilung, Städte und Dörfer

Naturraum
Pflanzen- und Tierwelt

Naturraum
Oberflächenformen, Boden, Gewässer, Klima

RAUM

Merkmale in ihren Verflechtungen

Raumanalyse II

1. Analysiere das Land auf der Grundlage einer selbst entwickelten Arbeitsstrategie. Wähle dazu Merkmale, die das Land prägen, aus.

2. Stelle Zusammenhänge zwischen den Merkmalen her. Berichte deinen Mitschülerinnen und Mitschülern darüber in einem Vortrag oder gestalte eine Pinnwand.

Merkmal: _____

Merkmal: _____

Raumanalyse

Merkmal: _____

Merkmal: _____